NÃO É MILAGRE!

JOEL JOTA

Não é milagre!

2ª edição: Novembro 2025

Autor:
Joel Jota

Preparação de texto:
Paulo Maccedo
Magno Paganelli

Revisão:
Debora Capella

Projeto gráfico:
Jéssica Wendy

Capa:
Rafael Brum

DADOS INTERNACIONAIS DE CATALOGAÇÃO NA PUBLICAÇÃO (CIP)

Jota, Joel
Não é milagre! / Joel Jota.
— Porto Alegre : Citadel, 2025.
176 p.

ISBN 978-65-5047-549-9

1. Autoajuda 2. Desenvolvimento pessoal 3. Hábitos
4. Autorrealização I. Título

25-2727 CDD - 158.1

Angélica Ilacqua - Bibliotecária - CRB-8/7057

Produção editorial e distribuição:

CITADEL Grupo Editorial
contato@citadel.com.br
www.citadel.com.br

NÃO É MILAGRE!

JOEL JOTA

CITADEL
Grupo Editorial
2025

Dedico este livro
a todas as pessoas
que acreditam na força
de um novo dia.

Aos que têm sede de clareza, vontade de crescer e coragem para transformar.

Aos que buscam consistência, não perfeição.

Aos que sabem que rotina não aprisiona – ela liberta.

Aos que entenderam que o verdadeiro sucesso é treinável.

Este livro é para quem quer construir algo sólido, real e duradouro.

Para quem valoriza a prática, a intenção e o progresso contínuo.

Para quem já percebeu que os pequenos hábitos são os verdadeiros alicerces de grandes conquistas.

Você não está aqui por acaso.

Estes são o momento certo, o lugar certo e a ferramenta certa.

A partir de agora, cada página é uma escolha.

Cada escolha, um passo.

E cada passo, um avanço inevitável.

Que este livro te acompanhe na jornada mais importante de todas: a de se tornar, todos os dias, a sua melhor versão.

- JOEL JOTA

JUNHO DE 2025

LER UM LIVRO
É COMO TER UMA
CONVERSA COM O AUTOR
POR HORAS E HORAS.

ELE TE ENTREGA
ANOS DE EXPERIÊNCIA
EM 200 PÁGINAS.

SUMÁRIO

PRÓLOGO

VOCÊ ACREDITA EM "MILAGRES"?

Você é daqueles que acreditam que as pessoas bem-sucedidas têm algum segredo que possivelmente você não tem? Acredita que elas nasceram com uma sorte que você nunca vai alcançar? Que elas só se ergueram por algum tipo de "milagre"?

Pessoas que chegaram ontem na internet e hoje já estão estouradas nas redes…

Pessoas que ficaram milionárias em tempo recorde, enquanto você luta para sustentar um negócio…

Pessoas que treinam menos tempo que você e andam por aí exibindo o *shape* perfeito…

Você já se pegou olhando para esses casos e se perguntando: "O que elas têm que eu não tenho?".

Talvez você tenha passado noites em claro, se questionando onde foi que você errou, o que faltou, qual foi a peça que não se encaixou no quebra-cabeça. A resposta é mais simples do que você imagina e pode mudar tudo – mas você precisa estar disposto a encarar a verdade.

MILAGRES NÃO EXISTEM!

Todas essas pessoas que você conhece e considera mais bonitas, mais fortes, ou que são mais ricas e mais famosas, não são espiritualmente privilegiadas. Elas não receberam um presente de Deus ou dos deuses. Elas não são alvo de nenhum destino milagroso, porque, repito...

MILAGRES NÃO EXISTEM!

Calma, minha intenção não é ferir a fé de ninguém. Até porque eu mesmo acredito que, sem fé, não se vai longe. Também não estou aqui para negar os milagres que presenciamos todos os dias, como o nascer do sol, o canto dos pássaros ou aquela sensação de vitória quando você alcança algo que pensava ser impossível.

Eu estou falando de outro tipo de "milagre" – aquele que alguns procuram desesperadamente em vídeos virais, em fórmulas mágicas e em promessas de transformações rápidas.

Esqueça – esse tipo de milagre não existe!

O verdadeiro sucesso, em qualquer área da sua vida, vem de algo que você já tem em suas mãos e que está ao seu alcance todos os dias. Você pode começar a usar esse algo hoje mesmo, se quiser. Mas antes de te mostrar como, preciso te fazer algumas perguntas decisivas.

Você está cansado de procurar a fórmula milagrosa? Está cansado de tentar encontrar o atalho que te levaria direto ao topo sem esforço? Está de saco cheio de tentar tantas coisas que só resultam em mais frustração, decepção e fracasso?

Ótimo! Porque a verdade é esta: **você não precisa de truques ou atalhos**. O realmente necessário é criar bons hábitos. Hábitos diários e consistentes que, com o tempo, vão se transformar em... resultados.

SIM, É O HÁBITO QUE SEPARA OS QUE VENCEM DOS QUE APENAS SONHAM!

Hábitos são as ações diárias que te sustentam mesmo quando a motivação desaparece. Não importa se o céu está claro ou nublado, se o caminho é fácil ou desafiador. Quando você tem uma rotina sólida, você tem consistência*. E com consistência, o resultado é uma questão de tempo.

Agora, lanço outra pergunta decisiva: você vai continuar esperando por uma mudança "milagrosa" ou vai começar a criar a sua própria rotina de sucesso?

Após anos atuando como atleta e, posteriormente, como treinador de alta performance, posso afirmar com forte convicção: o que separa as "crianças" dos "adultos" no Jogo do Progresso é o *básico bem-feito.*

O básico bem-feito constrói relacionamentos profundos, uma vida equilibrada e a confiança que te impulsiona para a frente.

O básico bem-feito transforma o simples em extraordinário; o cotidiano, em sucesso; e o esforço, em resultados consistentes.

O básico bem-feito estabelece uma base sólida para grandes conquistas, sem pular etapas ou procurar atalhos.

O básico bem-feito é o segredo por trás de todo grande atleta, de todo grande líder e de todo grande empresário.

O básico bem-feito é o que separa os que sonham dos que realizam, os que falam dos que fazem.

Na real, ninguém fracassa por falta de informação. As pessoas fracassam porque negligenciam, adivinhe... o básico.

Mas sabe qual é o lance? O básico bem-feito não brilha no Instagram e não aparece nas manchetes. Porque fazer o básico todos

---

* No decorrer deste livro, optamos por utilizar a palavra "consistência" em vez de "constância". Embora esta última seja mais adequada, "consistência" hoje é usada de forma coletiva para definir ação contínua e deliberada, além de se alinhar melhor à ideia central de aplicar esforços diários de maneira intencional. Portanto, neste livro, consistência é a chave para a construção de resultados sólidos e duradouros, pois reflete a prática de manter o foco e a disciplina, independentemente dos desafios.

os dias parece comum demais para quem só vive atrás de novidade. Mas é exatamente esse trabalho, silencioso e constante, que muda uma vida inteira. E, enquanto o mundo aplaude o espetáculo, são os bastidores, a rotina invisível, que sustentam o palco.

Tem gente que olha para as pessoas bem-sucedidas e as chama de "abençoadas", "geniais", "fora da curva". Mas quando você estuda a rotina dessas pessoas, não encontra o "milagre"; o que existe é a consistência. De Michael Phelps a Steve Jobs. De Oprah a Kobe Bryant. De Flavio Augusto a Thiago Nigro. Todos eles falam – de maneiras diferentes – a mesma coisa: "Eu criei uma rotina que me tornou inevitável".

Eles acordam cedo, treinam todos os dias, leem, escrevem, repetem o que funciona até que se torne parte de quem são. Sucesso, para eles, não é a inspiração do momento. É o hábito mantido.

Essas histórias não são lendas. Estão registradas em centenas de livros, filmes e entrevistas. Phelps nadava todos os dias, inclusive no Natal. Kobe fazia quatro treinos por dia. Jobs usava a "mesma roupa" para não gastar energia decidindo bobagens. Oprah escreve em seu diário desde os quinze anos. Obama se aperfeiçoava todos os dias, mesmo como presidente. Flavio Augusto acordava todos os dias decidido a bater metas de vendas. Nigro investia com inteligência todos os dias. Nenhum deles nasceu especial. Todos criaram sistemas que tornaram seus resultados inevitáveis.

E esses hábitos não ficaram só nas biografias. Eles se espalharam. Tornaram-se estudos, livretos, documentários, frases virais. "Arrume sua cama" se tornou um manifesto. "Acorde às cinco da manhã" se tornou uma revolução. "Tenha uma rotina noturna" se tornou disciplina emocional. "Anote seus aprendizados" se tornou hábito de quem pensa grande. Essas práticas – e tantas outras – apareceram em TEDs, best-sellers, artigos, podcasts, shorts e reels. Porque são simples demais para ignorarmos e poderosas demais para desprezarmos.

E isso tudo que parece moderno não é novo. Na verdade, o ser humano vem tentando entender a relação entre rotina e resultado desde o mundo antigo. A cultura grega, no seu auge, valorizava a beleza física e a saúde, e muitos filósofos, como Platão, acreditavam que manter um corpo saudável era fundamental para uma mente saudável. Aristóteles ensinava: "Somos aquilo que repetidamente fazemos". Os estoicos falavam sobre controle do corpo e disciplina diária. Os samurais praticavam o *bushido** todos os dias. A Bíblia ensina sobre a força da perseverança. E mesmo com tantas referências históricas, a gente ainda insiste em acreditar que sucesso é um mistério, é sorte e... milagre.

Neste livro, você não vai encontrar nenhum dos truques baseados nessas falsas crenças. Não há nenhuma pílula mágica aqui, nem fórmula de três passos infalíveis, promessa de transformação instantânea ou qualquer tipo de *abracadabra*. O que você vai encontrar é muito mais poderoso – um plano real. Ou, se preferir, a insistência no *básico bem-feito*. Um caminho possível. Um método prático. Um sistema de protocolos diários que qualquer pessoa pode aplicar – desde que esteja disposta a parar de buscar "milagres" e comece, de uma vez por todas, a construir uma boa rotina.

Considere este livro um convite à mudança – um chamado direto à responsabilidade e à clareza. Um plano simples para quem está cansado de se sabotar e finalmente pronto para viver a vida que merece. Você vai entender por que tantas pessoas falham, mesmo com a melhor das intenções. Vai descobrir os erros invisíveis que bloqueiam sua produtividade e arruínam seu potencial. E, o mais importante, você vai receber de mim os fundamentos essenciais para criar seu próprio "Dia

* *Bushido* (武士道), que se traduz como "caminho do guerreiro", era o código de honra e ética seguido pelos samurais no Japão feudal. Consistia em um sistema de valores e princípios que definia a conduta, o comportamento e a filosofia de vida dos guerreiros.

Perfeito" – com os micro-hábitos diários que tornam esse dia não só possível, mas inevitável e repetível.

Quer outra boa notícia? Você não vai precisar mudar a sua vida inteira de uma vez. Basta mudar o seu dia. Porque quando você muda o seu dia – de forma consciente, estruturada e repetida –, sua vida toda, inevitavelmente, muda.

Então, vamos lá... está pronto para transformar a sua rotina de uma vez por todas? Então mergulhe e comece a nadar!

INTRODUÇÃO

DÊ CHANCE AO HÁBITO

"As correntes do hábito são fracas demais para serem sentidas até que se tornem fortes demais para serem quebradas." – ***Samuel Johnson***

Se eu te desse agora o desafio de descrever seus hábitos diários, desde quando acorda até quando vai dormir, o que você descreveria? O que você faz automaticamente, sem pensar muito? Quais são os pequenos gestos que você repete dia após dia, que parecem simples, mas no fundo moldam a sua rotina e a sua vida?

Talvez você comece com uma oração ao acordar, ou talvez o primeiro impulso seja pegar o celular e conferir as notificações do Instagram. Talvez o seu dia comece com uma corrida ou uma xícara de café forte. Legal, mas e os pequenos detalhes que parecem inúteis? E o caminho que você faz até o trabalho, as pausas durante o dia ou até o jeito como se organiza para dormir à noite?

Acredite, esses hábitos são os alicerces da sua vida. E por mais simples que sejam, têm um poder transformador, tanto para o bem quanto para o mal.

A palavra "hábito" vem do latim *habitus*, que significa "estado" ou "condição". Ela é derivada do verbo *habere*, que significa "ter" ou "possuir". Originalmente, "hábito" se referia ao estado ou à condição de algo, seja físico, mental ou comportamental, mas com o tempo passou a designar **um comportamento repetido ou algo que se torna parte de nossa rotina.**

A ciência por trás dos hábitos mostra que eles estão profundamente ligados ao funcionamento do cérebro. Estudos mostram que o cérebro humano tem uma capacidade impressionante de adaptação, o que é conhecido como **neuroplasticidade***.

A neuroplasticidade é a habilidade do cérebro de se reorganizar ao longo do tempo, criando novas conexões neuronais com base nas experiências que vivemos. Quando repetimos uma ação, as conexões neurais associadas a essa ação se fortalecem.

Quando começamos um novo hábito, o cérebro gasta mais energia e esforço para realizar essa ação, mas, com o tempo, as conexões se tornam mais fortes e mais automáticas, economizando energia e tempo. Essa adaptação do cérebro facilita a formação de **novos hábitos**, e é exatamente por isso que as mudanças no comportamento, quando feitas de forma consistente, acabam se tornando naturais.

O psicólogo Charles Duhigg, em seu best-seller *O poder do hábito*, descreve esse processo como a criação de uma "deixa-hábito-recompensa", onde as deixas (ou gatilhos) desencadeiam a ação habitual e as

* Em termos simples, a neuroplasticidade permite que o cérebro se adapte, crie novas trilhas para processos cognitivos e se recupere de lesões, reforçando a ideia de que a mente e o comportamento podem ser moldados e desenvolvidos com o tempo e a prática.

recompensas reforçam esse comportamento, tornando-o cada vez mais automático. É assim que hábitos aparentemente simples, como beber água ao acordar ou fazer uma caminhada, podem ser **construídos ao longo do tempo** e se tornar partes fundamentais da nossa rotina diária.

Além disso, eles são **determinantes para o nosso sucesso pessoal e profissional**. Compreender como os hábitos funcionam é essencial para percebermos o impacto que eles têm em várias áreas da nossa vida.

- **Saúde física e mental**. O impacto dos hábitos na nossa saúde não pode ser subestimado. Hábitos saudáveis como **exercícios regulares**, **alimentação equilibrada** e **sono de qualidade** têm o poder de transformar completamente o estado físico e mental de uma pessoa.

  A ciência mostra que o **hábito de praticar atividade física regularmente** não só melhora a saúde cardiovascular, mas também ajuda a reduzir o risco de doenças crônicas e contribui para a saúde mental ao liberar neurotransmissores como serotonina e dopamina.

  Além disso, a prática constante de hábitos saudáveis pode reduzir o estresse, **aumentar a energia, melhorar o foco e, mais importante, aumentar a longevidade**.

  O simples ato de **beber água regularmente** pode impactar sua saúde de formas que você nem imagina. A desidratação leve é capaz de prejudicar a função cognitiva, a memória e o desempenho físico. Assim, hábitos simples têm um efeito cumulativo positivo que vai além do que podemos observar no dia a dia.

O MILAGRE
RESIDE NOS
HÁBITOS.

É FAZER
TODOS OS DIAS A
MESMA COISA.

- **Produtividade e sucesso profissional.** A forma como você administra o seu tempo e organiza as suas tarefas também está ligada aos hábitos. O **hábito de planejar o dia com antecedência**, por exemplo, pode ser a chave para aumentar a produtividade. Iniciar o dia com uma lista de prioridades claras e definidas aumenta a eficácia no trabalho e reduz a procrastinação.

  Outro exemplo: **o hábito de começar a trabalhar pela manhã, sem distrações**, pode ajudar a aumentar a qualidade do trabalho realizado. O psicólogo Roy Baumeister, em seu livro *Willpower* [Força de vontade], fala sobre a força de vontade como sendo um músculo que se desgasta.

  Se você não gerenciar bem esse recurso, o cansaço mental afetará sua capacidade de tomar boas decisões durante o dia. Hábitos produtivos ajudam a minimizar esse desgaste, porque automatizam ações importantes.

  Além disso, **hábitos positivos de leitura**, aprendizado e autodesenvolvimento ajudam a expandir a mente e a adquirir novas habilidades, o que, a longo prazo, pode levar a melhores oportunidades no trabalho, novas ideias e **inovações**. Portanto, os hábitos não só moldam o presente, mas também **constroem o futuro**.

- **Relações interpessoais.** Os hábitos também desempenham um papel essencial na forma como nos relacionamos com os outros. Hábitos como **dedicar tempo de qualidade à família, ouvir ativamente os amigos e mostrar gratidão** têm um impacto profundo na qualidade das nossas relações.

Criar **hábitos de presença**, como desligar o celular durante o jantar ou reservar uma hora para conversar com quem você ama, fortalece os vínculos e cria memórias duradouras.

A prática constante de hábitos que priorizam o bem-estar das relações sociais e familiares contribui diretamente para uma **vida mais feliz e equilibrada**. A convivência harmoniosa e a interação emocional positiva podem ser catalisadoras para o sucesso nas outras áreas da vida, já que você se sente apoiado e incentivado a seguir seus objetivos.

Um dos nomes em que mais me inspiro, Napoleon Hill, dizia que todos nós conhecemos o poder do hábito: faça qualquer coisa o suficiente e se tornará cada vez mais fácil manter o mesmo comportamento e cada vez mais difícil fazer de outra forma. "Os hábitos são como sulcos na mente, esculpidos pela repetição de pensamentos e ações. À medida que nos envolvemos nos mesmos padrões de pensamento, nosso cérebro se volta para as mesmas experiências."

Nem todos os hábitos de pensamentos são criados da mesma forma: alguns estimulam a força de vontade, enquanto outros a enfraquecem. Quando um hábito negativo é estabelecido na mente, é muito mais provável que outros criem raízes. Qualquer hábito que enfraqueça a força de vontade de alguém também abre portas para outros hábitos negativos dominarem a mente dessa pessoa.

Independentemente de quão construtivo seja um hábito, **nunca devemos funcionar no piloto automático** a ponto de perder a liberdade de pensamento, pois a mente inativa está sujeita às maquinações do Diabo*. Todos os hábitos devem ser direcionados para um fim específico, bem como cultivados e mantidos com intencionalidade.

Hábitos indesejáveis podem ser rompidos, mas precisam ser vencidos antes de atingirem as proporções do ritmo. Quando um hábito atinge o nível do ritmo por meio da repetição, não pode ser rompido, porque a natureza assume o controle e o torna permanente. Pense em um redemoinho: ele enredará um objeto e o levará indefinidamente.

O pensamento humano ocorre por meio de comprimentos de onda de energia que podem ser comparados à água em um rio. Um pensamento é como um objeto nesse rio: ele flutua sem ser obstruído até que seja mantido na mente por muito tempo, seja intencionalmente, seja por negligência, quando a natureza assume o controle e fixa seu caminho como permanente, sem meios de escapar.

A localização do redemoinho difere para cada indivíduo, mas, uma vez que você o encontre, torna-se quase impossível livrar-se do hábito de ficar alienado e recuperar o direito de usar sua própria mente.

Este livro existe para te ajudar com isso!

* Na obra *Mais esperto que o Diabo*, Napoleon Hill personifica o Diabo como uma metáfora para as forças negativas que agem sobre a mente humana, impedindo-nos de alcançar nosso pleno potencial. O Diabo é uma representação das limitações internas, do medo, da dúvida, da procrastinação e da falta de propósito que todos nós enfrentamos em algum momento de nossas vidas.

Para fixar: cada ação que você executa é uma escolha sobre quem você quer ser. Nenhuma única ação vai mudar suas crenças de imediato, mas à medida que essas escolhas se acumulam, as provas de quem você está se tornando também se acumulam. E é por isso que grandes mudanças não exigem revoluções radicais. Com o tempo, pequenos hábitos geram uma grande diferença, criando a base para uma nova identidade. E quando uma mudança é verdadeira e duradoura, ela, de fato, é enorme. Esse é o paradoxo do Jogo do Progresso.

1

O QUE A DISCIPLINA FAZ POR MIM?

"Muitos homens, muitos mesmo, enfrentaram os mesmos problemas morais e espirituais que você está enfrentando agora. Felizmente, alguns deles guardaram um registro de seus problemas. Você aprenderá com eles, se quiser." – ***J. D. Salinger***

A citação que abre este capítulo é do clássico americano *O apanhador no campo de centeio* e nos lembra de que, ao longo da história, muitos já caminharam pelos mesmos caminhos de luta e incerteza que nós enfrentamos todos os dias. O que diferencia a nossa jornada não é o fato de termos problemas, mas o modo como escolhemos lidar com eles. Quando olhamos para os exemplos dos outros e refletimos sobre como esses homens e essas mulheres lidaram com suas dificuldades, podemos encontrar respostas – ou, pelo menos, orientação.

Napoleon Hill confirmou isso ao escrever: "Uma das coisas mais valiosas que alguém pode aprender na vida é a arte de pôr em prática os conhecimentos e a experiência dos outros".

Usando essas duas citações como base, compartilho com você um pedaço da minha história. Talvez você se identifique com algumas partes dela, talvez consiga tirar algo que sirva de lição para a sua própria jornada, mas deixo claro que meu objetivo é fazer você responder melhor à pergunta que finaliza o capítulo. Vamos lá.

Sou filho de negro, pobre e nordestino. Até os doze anos, fui um garoto comum de Santos. Na escola, era aquele tipo de criança com desempenho medíocre. Fazia muita força para tirar boas notas, mas, no fim, os resultados eram péssimos. Já meu irmão brilhava sem precisar de tanto esforço e, por isso, ganhava os louros. Minha irmã também se destacava. Eu, no entanto, não recebia nenhum elogio. Era o filho do meio, aquele que dava mais trabalho na visão do meu pai, que sempre me alertava: "Filho, você precisa ter responsabilidade". E eu pensava: *Preciso ter isso que meu pai quer que eu tenha, mas não sei o que é.*

Fui descobrir o que realmente significava ter responsabilidade por meio de meu melhor amigo. Marquinhos, que não faltava às aulas de natação, foi quem me mostrou o caminho.

– Marquinhos, vamos brincar hoje?

– Pô, Joel, não dá... tenho aula de natação.

– Marquinhos, vamos até minha casa, quero mostrar uma coisa bem legal.

– Não posso, tenho que ir nadar.

Então eu disse:

– Eu também vou fazer natação! Você vai estar lá, eu quero ir.

E foi assim que encontrei o esporte que mudaria tudo em minha vida. Pulei na água e adorei. A partir daí, me dediquei de corpo e alma. A natação, como a escola, exigia esforço. Mas, ao contrário dos estudos, os resultados na piscina começaram a chegar. Sabendo que poderia melhorar mais e mais, fui ficando mais e mais apaixonado.

Um ano depois de entrar para a natação, participei da minha primeira competição. Expectativa alta, frustração certa. Perdi e chorei de raiva. Quando meu treinador me perguntou o motivo do choro, desabafei demonstrando estar arrasado. Então, a fim de me "motivar", ele aumentou minha responsabilidade: "Amanhã o treino vai começar às cinco horas da manhã, e se você chegar no horário, já estará atrasado".

Este é o resumo da minha criação: de um lado, meu treinador, que nunca atrasava, e, do outro, meu pai, que dizia: "Experimentou? Gostou? O que é isso pra você? Então levanta e vai, porque seu treinador estará lá".

Esse cenário foi me moldando, me dando disciplina, foco e noção de hierarquia.

Dois anos depois, me consagrei campeão paulista numa prova individual. Fui elogiado pelo meu treinador na frente dos meus amigos de equipe. Gostei ainda mais daquilo. Literalmente, mergulhei no esporte e fui percebendo que era melhor em algumas coisas e pior em outras. Eu me dedicava mais às atividades de que eu gostava e, quanto mais me dedicava, melhor eu ficava.

Até aí, tudo bem. Mas a empolgação que eu compartilhava com meus pais me levou a querer ser igual ao melhor. Vejo que isso é comum: quando desejamos o sucesso, mas ainda não temos clareza de quem somos e qual é o nosso verdadeiro potencial, projetamos nossas sombras em alguma referência. No meu caso, era o Gustavo Borges. Eu sonhava em ser como ele.

Para se ter uma ideia, na porta do guarda-roupa da minha mãe, havia uma foto do Gustavo comemorando uma de suas vitórias. Com quatro medalhas olímpicas e três panamericanas no currículo, ele ainda é um dos maiores nomes da natação mundial.

Eu tentei muito ser igual ao Gustavo e, enquanto não consegui vencer sendo como ele, sofri. Demorei a encarar os fatos: eu tinha 1,88

SE VOCÊ OLHA O SEU HÁBITO, VOCÊ PREVÊ SEU FUTURO.

metro de altura, e o Gustavo, 2,04 metros; eu tinha 1,96 metro de envergadura (a distância entre as extremidades dos braços abertos), e ele, 2,33 metros, o que, em provas de velocidade, faz toda a diferença. Por um lado, eu estava me espelhando em um modelo vencedor. Porém, a partir do momento em que passei a querer ter a altura dele, a mão do tamanho da dele, a minha busca deixou de ser saudável. O que eu queria era simplesmente impossível, e só sofri enquanto não tive clareza disso.

Cheguei ao ponto de questionar meu pai: "Pô, pai, por que você não me fez mais alto?". E o detalhe era que ele tinha 1,70 metro e minha mãe, 1,56 metro. Eu estava me comparando com um padrão inalcançável. Eu queria, de alguma forma, ser uma cópia do meu ídolo, sem perceber que isso me impedia de me conectar com o meu verdadeiro potencial.

Passei seis anos nadando como um vencedor, tentando me equiparar ao Gustavo Borges, até que finalmente aprendi uma grande lição. Estava eu em uma disputa direta com ele e, ao sentir o peso da minha frustração, fiz uma oração mais ou menos assim: "Senhor Jesus Cristo, neste exato momento, para tudo que você está fazendo e quebra as pernas desse filho da mãe".

Que oração audaciosa! Quem eu pensava que era para mandar Deus parar tudo e me atender?!

O que eu aprendi ali, naquele momento de desespero e cegueira, foi algo que nunca mais vou esquecer: **pedir permissão para ser vencedor não funciona**. Não adianta fazer apelo para o que não está ao seu alcance, porque, por mais que você queira, o que está fora de sua realidade não vai acontecer, não importa o quanto ore ou peça. O resultado daquela competição para mim foi claro. Eu costumo brincar que existe uma diferença entre ganhar e o que o Gustavo fez comigo naquele dia. Quando cheguei à parede da piscina, ele já estava seco. O meu sonho de ser uma réplica perfeita dele foi enterrado naquele momento.

Ali, em 2001, tive uma das maiores lições de vida. Ao tentar ser outra pessoa, eu abri mão de lutar com minhas próprias habilidades, de respeitar minha história e essência e de desenvolver minhas competências de forma única para alcançar o meu objetivo. O aprendizado foi poderoso: eu não deveria tentar ser como os outros.

Essa lição ficou guardada comigo desde então, e é por isso que hoje, quando olho para a minha jornada, percebo que não se trata de ser melhor que os outros, mas de ser o melhor *de você mesmo*.

Por que isso importa?

Primeiro, porque a comparação constante com os outros só alimenta a frustração e a insegurança. Cada um de nós tem **um caminho único, uma história própria e um conjunto distinto de habilidades, experiências e desafios.** Quando passamos nossa vida inteira tentando ser alguém que não somos, deixamos de investir no que realmente importa: nós mesmos.

A verdadeira performance de alta qualidade não vem de ser melhor que o outro. Ela vem de ser melhor que ontem, de ir além das nossas próprias limitações, de crescer e aprender constantemente com as nossas experiências.

Quando focamos o nosso próprio desenvolvimento, o nosso próprio "melhor", a pressão que sentimos diminui, a confiança aumenta e, mais importante, a sensação de estar no controle da nossa própria jornada se solidifica.

Quando comecei a perceber isso, meu foco se voltou para o que eu podia controlar. Parei de tentar replicar o sucesso de outras pessoas e comecei a entender minhas próprias necessidades, meus pontos fortes e fracos, minhas paixões e meus limites. Isso não só me fez mais forte como pessoa, mas também me ajudou a ter uma abordagem mais eficaz, tanto nos meus treinos quanto nos meus negócios. E o mais interessante é que essa mentalidade atraiu clareza.

Essa clareza me trouxe mais de trinta medalhas em diversas competições e a oportunidade de representar a seleção brasileira por quatro anos. Tive a honra de estar entre os melhores nadadores e me destaquei com uma medalha de bronze no Open, uma competição em piscina curta. Também ganhei dois bronzes em campeonatos brasileiros, em provas individuais, ainda na base. Em 2002, vivi uma grande experiência: participei do Mundial de Durban, na África do Sul, e cheguei à final dos 50 metros livre.

Percebeu? Clareza é um ponto-chave para alcançar qualquer tipo de resultado. Não é à toa que espalhei pequenos exercícios de autorreflexão ao longo de quase todos os capítulos. São perguntas que farão você ter maior clareza de quem é e do que busca. Não os pule ou ignore. Eles serão fundamentais na construção de uma rotina de resultados.

Clareza joga luz sobre o tema central deste livro: **disciplina**. Quando me perguntam sobre disciplina, percebo que muitos estão fazendo a pergunta errada. Não é "Como ter disciplina?", mas sim "O QUE A DISCIPLINA FAZ POR MIM?".

Entendendo melhor quem eu era, com a devida clareza, a disciplina foi mais facilmente alcançada. Então, cada medalha que ganhei, cada título que conquistei, foi fruto disto: **autoconhecimento, clareza e disciplina**. Esses três elementos compõem a chama silenciosa que transforma sonhos em realidade.

Adquirir bons hábitos é um desafio. Porque, ao contrário dos hábitos prejudiciais, os benefícios dos bons hábitos não são imediatos. Precisamos de visão e foco para perceber o verdadeiro valor da disciplina. Por isso, antes de buscar desenvolver a disciplina, tenha clareza.

O QUE EU REALMENTE QUERO?

Somente então você poderá trilhar um caminho de sucesso em todas as áreas da sua vida.

Vamos ao primeiro exercício.

A VERDADEIRA VITÓRIA NÃO ESTÁ EM IMITAR, MAS EM SER AUTÊNTICO E TRABALHAR COM AQUILO QUE VOCÊ TEM.

Exercício de reflexão

Encontre um lugar calmo onde você possa refletir sem distrações. Pode ser uma mesa em sua casa, um parque ou até mesmo uma cafeteria tranquila. Desligue o celular e quaisquer outras distrações. Pegue um caderno ou uma folha em branco e se prepare para escrever. Não se preocupe com a gramática ou organização do texto. O importante é colocar no papel aquilo que está na sua mente, sem filtros. Responda com sinceridade.

O que eu realmente quero alcançar na minha vida?

2

A MAIOR MENTIRA QUE JÁ TE CONTARAM

"Assim como uma gota de veneno compromete um balde inteiro, também a mentira, por menor que seja, estraga toda a nossa vida." – ***Mahatma Gandhi***

Você sabe qual é a mentira que você tem ouvido e lido todos os dias em filmes, livros, nas redes sociais e até em conversas descontraídas?

É a mentira de que para vencer na vida você precisa de algo raro, quase inacessível. Um talento especial. Uma genética perfeita. Uma oportunidade única. Como se o sucesso fosse algo que acontece só com pessoas "abençoadas", enquanto o resto de nós tem que aceitar o que a vida nos dá e continuar lutando.

Pode reparar como essa mentira está em todo lugar: em frases como "Ele nasceu para isso", "Ela tem um dom", "Não tem como competir com alguém assim". Parece bonito, mas essa ideia disfarçada de elogio é uma armadilha e pode te manter preso durante uma vida inteira.

O engodo se espalha silenciosamente. Está em tudo: no cinema, onde sempre mostram o gênio solitário que alcança a grandeza; naquelas biografias que pulam o processo e glorificam o resultado; nos cortes de podcast que só mostram o momento de sucesso, mas ignoram as noites em claro e os fracassos; nas redes sociais que te mostram o "depois", mas nunca o "durante".

Aos poucos, começamos a acreditar que o sucesso é algo que simplesmente acontece. Algum tipo de milagre inexplicável. Ou você nasce com isso ou passa a vida inteira tentando, sem nunca conseguir atingir. E é isso que produz uma geração cansada e frustrada, que compara os bastidores da sua vida com o palco editado por outras pessoas.

Por que essa mentira funciona tão bem?

Porque ela é confortável. Ela alivia, dá um falso consolo. Ela te tira da zona de responsabilidade, fazendo acreditar que o sucesso é algo que depende de fatores que estão fora do seu controle ou alcance. Se você acreditar que o sucesso só vem para quem tem sorte, quem nasceu com talento ou quem recebeu uma chance única, você pode se livrar da culpa por não estar vivendo o que deveria.

A mente se protege dessa maneira. Afinal, se o sucesso não depende de você, então está tudo bem em não se esforçar tanto assim. Está tudo bem em deixar para depois. Está tudo bem em se esconder atrás do "talvez isso não seja pra mim".

Essa mentira também alimenta uma cultura do "resultado sem processo". **Todo mundo quer o topo, mas ninguém quer subir a montanha**. Todo mundo quer brilhar, mas ninguém quer passar pela rotina que sustenta esse brilho.

O marketing de hoje adora vender o antes e o depois – mas ninguém mostra os mil dias entre o começo e a grande vitória. Você vê aquele empresário com faturamento de sete dígitos, mas não o vê tomando tocos, sendo ignorado ou estudando até tarde. Você vê o atleta no pódio, mas não vê o treino árduo, com dor e suor. Quando você não vê o processo, acredita que o sucesso é um milagre. Quando, na verdade, ele é feito de:

MICRO-HÁBITOS + CONSISTÊNCIA + TEMPO

Claro que eu seria um tolo se falasse do problema e não apontasse a solução. Porque se a mentira aprisiona, a verdade liberta. E a verdade é simples e direta, porém não cômoda: **o sucesso real é construído**. É treinável. Vem da aplicação de protocolos simples, executados com disciplina, por tempo suficiente.

Talento ajuda? Claro! Mas sem rotina ele morre na praia.

Inteligência conta? Sem dúvida. Mas sem consistência ela se perde.

O que separa quem vence de quem só sonha não é o que a pessoa tem – é o que ela faz com o que tem. Todos os dias.

Pessoas comuns, que começaram do zero, chegaram muito mais longe porque criaram hábitos repetíveis. Gente que não era a mais inteligente da sala, nem a mais forte da competição, nem a mais criativa da equipe. Mas era quem aparecia todos os dias para fazer um pouquinho. Alguém que melhorava 1% por vez e persistia, mesmo sem vontade.

A verdade é que qualquer pessoa pode mudar de vida se mudar o seu dia. E este livro existe para isto: **para te dar clareza, plano e prática**. Porque, a partir de agora, você não vai mais depender de milagre, você vai depender de... ROTINA.

Kobe Bryant, frequentemente associado à sua filosofia *Mamba Mentality*, não era apenas um jogador de basquete talentoso, mas sim um exemplo de disciplina e compromisso com a melhoria constante. Ele começava seus treinos mais cedo que todos os outros e, com o tempo, sua rotina rigorosa e a dedicação extrema se tornaram lendárias. Kobe não se contentava em ser bom – sua meta era ser o melhor, algo que só seria possível por meio de hábitos diários consistentes de treino e desenvolvimento pessoal.

- **Fórmula de sucesso:** disciplina + horas extras de treino + foco na qualidade dos movimentos.
- **Aprendizado:** o segredo de sua imbatibilidade estava não apenas na consistência, mas também na estratégia aplicada a cada movimento e exercício.

Que tal ancorar a ideia do 1% na mentalidade?

1% da população mundial = 80 milhões de pessoas.

1% dos usuários do Instagram = 20 milhões de pessoas.

1% do tempo de alguém que viveu 80 anos
= quase 300 dias = 7 mil horas.

1% das árvores na Terra = 30 bilhões de árvores.

O número só parece pequeno se focarmos o 1%.

Mas, dependendo do contexto, 1% pode ser mais do que suficiente para mudar a sua vida.

Não desista dos seus sonhos e objetivos só porque as chances são mínimas. Se você percebe que é possível, mesmo que seja menos de 1%, então continue a visualizar, acreditar e caminhar!

Confiar no 1% já me trouxe muita coisa e muitos momentos em que quase nem acredito. Não duvide: seu 1% é tudo de que o Universo precisa para manifestar a sua nova realidade.

Exercício

Neste segundo exercício, o objetivo é desafiar as crenças limitantes que muitas vezes nos aprisionam à ideia de que o sucesso é algo reservado apenas para alguns "privilegiados". Faça-o com atenção e dedicação.

Parte 1: Identificando a mentira

1. **Quais mentiras você já ouviu sobre o sucesso?**

Pense em frases ou crenças que você já ouviu e nas quais até mesmo acreditou, como: "Ele nasceu pra isso", "Ela tem um dom", "Só os mais talentosos conseguem".

2. **Como essas mentiras impactaram sua visão sobre o sucesso?**

Reflita sobre como essas crenças podem ter influenciado suas ações ou até mesmo sua falta de ação. Você se sentiu desmotivado por achar que o sucesso não era para pessoas como você?

3. **Pense nos exemplos de pessoas que venceram sem ter "um dom especial".**

Pense em figuras públicas ou pessoas da sua vida que começaram de baixo e alcançaram sucesso. Como essas pessoas construíram sua trajetória? Qual foi o processo delas?

3

O JOGO DO PROGRESSO

"Transportai um punhado de terra todos os dias e fareis uma montanha." – ***Autor desconhecido***

Ao longo de toda minha carreira, como atleta, como treinador e mentor, meu posicionamento tem sido exatamente este: **eu acredito no poder das pequenas decisões, das pequenas ações, e não das grandes**. Trabalhe de maneira fracionada os hábitos que deseja alcançar. O *básico bem-feito*, lembra?

Em vez de querer correr por quinze minutos, que tal andar por sete? Em vez de querer entrar na academia já pensando em malhar cinco vezes por semana, que tal fazer uma flexão de braço diária? Em vez de querer ler um livro por mês, o que acha de começar com um capítulo por semana? Em vez de querer ter muito dinheiro para aplicar numa corretora, uma boa ideia pode ser investir minutos de seu tempo estudando algum comportamento crítico que não o deixa guardar dinheiro e mudar isso, concorda?

Quando você dá chance ao hábito, ele fica mais palpável. Em vez de decretar "eu quero isso!", reflita se está dando um passo na direção desejada, um passo pequeno por vez e de maneira frequente, e não um passo enorme, que irá cansar você por exigir muito esforço e energia num curto espaço de tempo.

Em vez de querer fazer várias coisas por dia, coloque seu esforço em apenas uma delas. Faça esse teste e você conseguirá bater trinta metas no mês. Consiga um cliente por dia. Faça uma flexão de braço por dia. Escreva uma página por dia. Emagreça 50 gramas por dia. Escute sua equipe dois minutos por dia. Fique com seu filho sete minutos por dia. Fique cinco minutos a menos no Instagram. Aumente em seis minutos a sua atenção no trabalho.

Mini, micro e nano-hábitos

1. Mini-hábitos. São ações simples e pequenas que exigem um mínimo de esforço para serem realizadas, mas são suficientemente eficazes para gerar progresso contínuo em direção a um objetivo maior. Um mini-hábito é uma versão simplificada de um comportamento desejado, feito de forma tão pequena que não existe a possibilidade de fracasso. Por exemplo, em vez de se comprometer a escrever um livro inteiro, um mini-hábito seria escrever uma frase por dia.

2. Micro-hábitos. Ainda menores do que os mini-hábitos, mas poderosos para criar consistência e transformações ao longo do tempo. Um micro-hábito é uma ação quase imperceptível e extremamente simples, que pode ser facilmente encaixada em qualquer rotina, sem exigir esforço significativo.

O objetivo de um micro-hábito é criar um ponto de partida simples, que seja impossível falhar, para que se torne parte da rotina diária. Exemplo: escovar os dentes por dez segundos a mais a cada vez que você escovar os dentes.

3. Nano-hábitos. Os hábitos mais simples e microscópicos que podem ser implementados. São ações tão pequenas e diretas que podem ser realizadas em poucos segundos e sem nenhum esforço. A ideia é começar com uma ação tão pequena que seja impossível não a realizar, criando uma base sólida para o desenvolvimento de hábitos maiores e mais complexos com o tempo. Dar um gole de água assim que acorda ou respirar profundamente por três segundos antes de começar qualquer tarefa pode ser considerado um nano-hábito.

Uma meta por dia, pequena, tangível, possível, que não dependa de ninguém a não ser você, é a **somatória de mini-hábitos, nano-hábitos e micro-hábitos** que fará toda a diferença. Não se trata de uma corrida de 100 metros, mas sim de uma maratona, que tem 42 quilômetros, completada passo a passo.

As pessoas que você mais admira praticam esse jogo. É o que chamo de Jogo do Progresso. Albert Einstein dizia que ele não era tão inteligente assim, apenas ficava mais tempo debruçado sobre a pergunta. Eu acabei modelando isso ao passar muito tempo da minha vida me perguntando como eu tinha que pensar e agir para ser um grande vencedor, igual ao Gustavo Borges. Por ter chegado à conclusão de que "se eu não nasci com as pernas de um campeão, eu tenho que ter a cabeça de campeão", fui estudar psicologia, neurociência, coaching e programação neurolinguística, por exemplo, para construir essa cabeça.

Nessa ação, surgiram novas perguntas que me fizeram compreender qual é o verdadeiro jogo dos vencedores. Eu entendi que não bastava perguntar apenas como os vencedores tomam as decisões. É preciso saber fazer a pergunta certa para ter a resposta certa. Nesse caso, a pergunta não é "Como?". Eu fui mais a fundo e cheguei ao "POR QUÊ?". Por que os campeões tomam as decisões que tomam e agem de determinada forma?

Levei anos para chegar a essa pergunta, mas, quando cheguei, encontrei como resposta que os grandes vencedores não querem ser vencedores, mas sim ter progresso, melhorar um pouquinho a cada dia. Um pouquinho hoje, um pouquinho amanhã, e assim por diante. Esse é o Jogo do Progresso.

As pessoas me perguntam em treinamentos e mentorias: "Joel, como ser o melhor vendedor/empreendedor/palestrante do mundo?". Quando eu pergunto o que eles querem, um responde que deseja que a agência de publicidade dele seja a maior do Brasil em cinco anos. Detalhe: ele ainda não tem agência. Outro quer lançar um produto on-line, lucrar bastante para comprar uma casa em três anos. Detalhe: ele não tem experiência prévia com e-commerce. Isso me faz pensar nas pessoas que se consagram como as melhores naquilo que escolheram fazer, tanto na área esportiva quanto na empresarial. Elas sabem o que querem, criam um plano e tomam iniciativa realizando esse plano.

Por exemplo, eu vim de um lugar que me permitiu a convivência com o Neymar, que é um dos melhores jogadores de futebol do mundo; o César Cielo, um dos melhores nadadores do mundo e recordista mundial; e o Thiago Braz, o melhor atleta do mundo na modalidade salto com vara.

Um dos maiores aprendizados que tive com esses campeões olímpicos que tanto admiro – e que hoje considero meus amigos – foi sobre o Jogo do Progresso. Nenhum deles acordava dizendo: "Este ano vou ser o melhor do mundo", mesmo que esse fosse o desejo interno. O foco deles estava em melhorar 1% a cada dia, em refinar uma habilidade específica, seja uma braçada, um salto ou a força de uma perna. O segredo está no detalhe, na busca constante pelo aprimoramento de algo que, mesmo pequeno, faz a diferença no todo.

Os campeões não se perdem em metas vagas ou em objetivos amplos. Em vez disso, se concentram no presente, no agora. O objetivo diário não é ser o melhor do mundo, mas **ser melhor do que ontem**, e isso é um jogo diário. Claro que todos têm a ambição de alcançar o topo do mundo e permanecer ali, mas a diferença está em como eles encaram o caminho. Eles sabem que, para se manterem no topo, o trabalho consiste em afiar as competências, desenvolver capacidades e avançar com consistência. Eles treinam todos os dias, focando em melhorar algo novo, algo específico. É este o segredo: a busca pela excelência não é uma ação única, mas uma jornada contínua de progresso.

Daí vem a ideia do "Dia Perfeito" que você vai conhecer melhor no capítulo 7. O Dia Perfeito não é um momento ideal ou uma fórmula mágica que fará tudo acontecer instantaneamente. Ele é, na verdade, **o resultado de uma sequência de pequenas decisões diárias que, somadas ao longo do tempo, criam uma vida alinhada com o que realmente importa**. Não é esperar pela motivação ou por uma grande virada. É agir, todos os dias, de forma consistente, focada e intencional.

Ao adotar essa mentalidade e aplicar as rotinas certas, o que antes parecia distante começa a se tornar inevitável. E é exatamente isso que transforma o seu dia de amanhã.

Exercício prático

Pensando no Jogo do Progresso, escreva um parágrafo sobre a importância dos mini-hábitos, micro-hábitos e nano-hábitos. Como você vê a importância dos pequenos hábitos no seu próprio progresso? Quais áreas da sua vida poderiam ser transformadas por pequenas ações diárias?

4

PEDRAS SIMPLES, GRANDES ESCULTURAS

"Que ninguém se engane, só se consegue a simplicidade através de muito trabalho." **– Clarice Lispector**

Certa vez, um mestre artesão estava ensinando seu aprendiz a esculpir pedras. Durante meses, o aprendiz tentava criar formas complexas, tentando fazer algo grandioso, mas suas esculturas nunca tinham a perfeição que ele desejava.

Um dia, o mestre pediu que ele parasse de tentar criar formas complexas nas grandes pedras do estoque e se concentrasse em apenas uma pedra, a mais simples da caixa.

– Esforce-se para trabalhar nela com paciência. Não busque a complexidade. Apenas use a ferramenta com consistência.

Ao ver o mentor segurar aquele pedaço de rocha sem vida, o aprendiz ficou confuso, mas acatou a ordem.

Durante as semanas seguintes, trabalhou horas a fio naquela pedra simples. No início, achava que estava perdendo tempo. Mas, à medida que os dias foram passando, percebeu que a pedra estava se transformando em uma grande obra de arte. O formato simples era suave e perfeito, mas cada detalhe era lapidado com precisão.

Quando terminou, a escultura se transformou em uma das mais belas que o mestre já tinha visto. O aprendiz então perguntou:

– Mestre, como isso aconteceu?

O mentor sorriu e disse:

– A verdadeira arte não vem da complexidade. Ela vem da perseverança, da atenção ao que parece trivial. Quando você se dedica ao simples com persistência, os resultados são mais poderosos do que qualquer grande plano que tente esconder a falta de atenção aos detalhes.

Tempos depois, aquela escultura foi vendida por um alto valor, garantindo tanto a vida do aluno quanto a do mestre.

Essa é a verdade que liberta!

Pode ser que você já tenha ouvido algo parecido algumas vezes, mas aqui seremos enfáticos: o que transforma nossa vida não é uma estratégia mirabolante, um plano cheio de truques ou uma ideia genial que você acha que precisa ter para finalmente dar certo. O que realmente gera transformação é a **prática diária**. O básico *bem-feito*, o simples executado com regularidade. São as microdecisões dia após dia, com disciplina, que trazem os maiores resultados.

As grandes figuras da história recente – atletas, líderes, empreendedores, artistas – sabem disso e têm algo em comum: rotina. Eles não fazem coisas extraordinárias o tempo todo. O que eles fazem de forma extraordinária é esculpir a pedra simples com dedicação. Dormem bem. Comem equilibradamente. Treinam. Leem livros. Trabalham com foco. Têm clareza do que querem e são consistentes no que fazem. Nada disso é inacessível, só exige algo que a maioria das pessoas não está disposta a cumprir.

Por que isso assusta?

Porque a simplicidade te coloca cara a cara com a verdade. Ela acaba com o glamour da jornada e coloca o foco na execução. Ela exige presença, repetição e humildade. É muito mais fácil pensar que você ainda não alcançou seus objetivos porque falta o plano perfeito, porque não tem os recursos ideais ou porque ainda não encontrou o mentor certo.

Mas a verdade é que, quando você entende que a mudança começa com ações simples – beber água, desligar o celular, dormir melhor e trabalhar focado –, aí a responsabilidade bate à porta. O simples não te dá desculpas, ele te coloca frente a frente com o que realmente importa: o que você faz todos os dias é o que conta.

A rotina simples não brilha, não impressiona ninguém, não gera likes. O simples é invisível. É você dizendo não para a sobremesa. É você acordando cedo e treinando sem filmar. É você escrevendo no caderno que ninguém vê. É você mantendo o foco, mesmo quando o mundo está distraído.

Esse trabalho solitário mexe com o ego. Porque somos ensinados a buscar reconhecimento, a mostrar resultados, a parecer fortes. Mas o simples, o que realmente transforma, acontece nos bastidores. Por isso muita gente desiste antes de ver os resultados acumulados. Porque **prefere parecer estar em movimento do que realmente estar em movimento**.

Pronto para uma grande virada?

Aqui começamos a amarrar as pontas: toda grande virada começa com uma decisão simples: mudar o seu dia. Lembra da ideia? Você não precisa mudar sua vida inteira de uma vez. Não precisa reinventar a roda. Não precisa jogar tudo fora e começar do zero. Tudo o que você precisa fazer é olhar para o seu dia com honestidade – e reorganizá-lo de maneira consciente.

A transformação que você quer na sua vida começa entre o momento em que acorda e o momento em que dorme. Um novo corpo. Uma nova empresa. Uma nova energia. Uma nova mentalidade. Tudo isso começa com **o que você faz nas horas do dia**. Porque a vida acontece no dia. E quem muda o seu dia muda a sua vida.

Nos próximos capítulos, eu vou apresentar o método mais simples, direto e aplicável que eu já ensinei nas minhas mentorias. Um protocolo de rotinas diárias baseadas em seis áreas que, quando cuidadas com intenção, criam o "Dia Perfeito". Não é teoria. Não é modinha. Não é uma promessa vazia. É rotina. É hábito. É prática. São microações inteligentes que você pode começar a aplicar hoje, com o que já tem, com os recursos ao seu alcance. E o melhor de tudo: é um plano que cabe na sua vida, no seu contexto, nas suas circunstâncias.

Agora, aconselho que faça um breve exercício de autoanálise. Não precisa escrever, apenas reflita sobre as quatro questões.

Exercício de reflexão

1. Como estou utilizando meu tempo atualmente e qual é a verdadeira organização dos meus dias?

2. Quais ajustes simples posso fazer para tornar minha rotina mais eficaz e transformar minha vida?

3. Quais são as três ações essenciais que, se executadas consistentemente, me levariam aos resultados que desejo alcançar?

4. Se eu tivesse que escolher uma única ação simples para começar hoje e fazer todos os dias, qual seria a mais impactante para o meu progresso?

5

UM TIPO PECULIAR DE ESCRAVIDÃO

"O erro acontece de vários modos, enquanto ser correto é possível apenas de um modo." – ***Autor desconhecido***

Imagine-se vivendo em uma caverna escura, onde você está preso, acorrentado a uma parede. Tudo o que você pode ver são sombras projetadas pelas chamas de uma fogueira que está atrás de você, longe de sua visão.

Você e outros prisioneiros estão lá há tanto tempo que ninguém lembra como as sombras surgem ou o que elas representam. Ao olhar para essas sombras, você começa a associá-las com a realidade. São as suas crenças, as suas verdades distorcidas.

Agora, imagine que, de repente, um dos prisioneiros se solta das correntes e consegue sair da caverna. Ele vê a luz do sol pela primeira vez e percebe que a realidade lá fora é completamente diferente das sombras projetadas na parede. Ele descobre que estava vivendo em uma prisão invisível, alimentando uma percepção distorcida da realidade.

Esse prisioneiro, então, volta para avisar os outros, mas, ao contar sobre o mundo fora da caverna, ninguém acredita nele. Encontram-se tão presos às suas sombras e crenças que não conseguem imaginar outro modo de viver. Eles preferem permanecer na prisão das suas crenças limitantes, presos aos seus hábitos repetitivos, porque é isso que conhecem.

O mito da caverna, contado por Platão há cerca de 2,5 mil anos, é universal e nos ajuda a entender como maus hábitos nos mantêm escravizados.

A escravidão é real

Em *O mundo assombrado pelos demônios*, o cientista Carl Sagan compartilha um trecho carregado de peso emocional:

> Havia uma regra bastante reveladora: os escravos deveriam permanecer analfabetos. No Sul antes da Guerra Civil, os brancos que ensinavam um escravo a ler eram severamente punidos. "Para fazer um escravo satisfeito", escreveu Bailey mais tarde, "é necessário fazer um irrefletido. É necessário obscurecer sua visão moral e mental e, na medida do possível, aniquilar o poder da razão." É por isso que os senhores de escravos devem controlar o que os escravos ouvem, veem e pensam. É por isso que a leitura e o pensamento crítico são perigosos, na verdade subversivos, em uma sociedade injusta.

Na sociedade moderna, existem diversas formas de escravidão invisível que limitam nossa capacidade de reflexão e escolha. A alimentação ruim é uma das mais comuns. Somos constantemente bombardeados com propaganda de alimentos ultraprocessados que nos tornam fisicamente dependentes e nos afastam de hábitos alimentares saudáveis. A indústria alimentícia investe em produtos viciantes, tornando difícil questionar o impacto que esses alimentos provocam a longo prazo em nossa saúde.

Outro exemplo é o trabalho não saudável. Em um mundo onde a produtividade é exaltada, muitos se encontram presos a jornadas exaustivas. Isso resulta em estresse crônico e falta de equilíbrio entre vida pessoal e profissional. As pessoas se conformam com essa exaustão, celebrando-a como um sinal de sucesso, sem perceberem que estão sendo privadas de qualidade de vida.

A dependência de remédios também é uma forma de escravidão invisível. Embora os medicamentos sejam necessários em alguns casos, o uso excessivo e descontrolado reflete a busca por soluções rápidas, em vez da adoção de hábitos saudáveis. Muitas vezes, somos mantidos sob controle químico, sem questionar os efeitos a longo prazo.

Essas formas de escravidão invisível têm um ponto em comum: **a falta de reflexão crítica**. Ao nos submetermos a esses sistemas, perdemos a capacidade de questionar nossas escolhas e buscar uma vida mais equilibrada e saudável. Assim como os escravos do passado eram privados de conhecimento, hoje muitos são privados da autonomia de pensamento e ação.

Qual é a sua prisão invisível?

Comer demais quando sabe que poderia ser mais consciente e controlado?

Cultivar a preguiça ou a procrastinação que tornam o sofá da sala o lugar mais confortável do mundo?

A negligência com a atividade física que te mantém longe do corpo que você sonha em ter?

Agora, pense em como você se sente depois de praticar essas coisas. A culpa, o peso na consciência, a sensação de que está falhando com você mesmo. E mesmo assim, você repete. Todo santo dia.

Isso não é só um hábito – é uma **prisão invisível que vai se tornando mais forte a cada repetição**. Cada vez que você cede a esses comportamentos, está se afastando da pessoa que quer ser e se aproximando da versão que você menos deseja. Agora me diga: isso não é um tipo peculiar de escravidão?

Mas por que, mesmo conscientes disso, continuamos escravos? O que nos faz seguir o caminho que sabemos que não é o certo para nós? A resposta está em como os hábitos se formam e em como as recompensas imediatas, como o alívio de um desejo momentâneo ou a distração de uma rede social, nos enganam, nos fazendo acreditar que vale a pena.

Maus hábitos são comportamentos repetitivos e prejudiciais que, sem que muitas vezes percebamos, dominam nossa vida, afetando nossa saúde, nossa produtividade e até nossas relações pessoais.

Eles são como **pequenas pedras lançadas no caminho** que, com o tempo, formam um obstáculo cada vez maior. Não se trata de um único erro ou falha, mas de uma série de escolhas equivocadas que se somam, criando uma realidade que, no fundo, sabemos que não queremos, mas da qual não conseguimos nos livrar.

Um exemplo clássico de mau hábito é o da alimentação. Muitas pessoas se alimentam de forma apressada, sem planejar suas refeições ou dedicar tempo para preparar pratos saudáveis. O *fast food*, as bebidas açucaradas e os alimentos processados se tornam uma constante.

Inicialmente, pode parecer algo simples – uma refeição rápida para dar conta da correria do dia a dia. Mas, com o tempo, o corpo começa a cobrar o preço desses maus hábitos.

O colesterol sobe, o metabolismo desacelera, o peso aumenta, e a autoestima vai ficando cada vez mais comprometida. E a dor disso tudo é invisível até que o impacto seja profundo, quando uma consulta ao médico revela que a saúde foi severamente comprometida.

Agora, pense nos hábitos que afetam suas relações pessoais. Às vezes, o trabalho, a ansiedade ou a pressão pela produtividade fazem com que as pessoas se desconectem das relações que mais importam. O hábito de deixar o celular em cima da mesa durante uma refeição com a família pode parecer inofensivo no começo, mas com o tempo se transforma em uma **barreira emocional**.

A distância física e emocional cresce sem que você perceba. Seu cônjuge, seus filhos, seus amigos – todos começam a sentir que você não está realmente ali com eles. Você está fisicamente presente, mas sua mente e seu foco estão em outro lugar.

A consequência disso é o enfraquecimento dos vínculos afetivos e a perda de momentos que jamais voltarão. O mau hábito de priorizar o trabalho, as redes sociais ou as preocupações pessoais em detrimento de momentos reais com quem amamos resulta em um vazio emocional. E esse vazio vai se expandindo, afetando as relações e, muitas vezes, deixando uma sensação de arrependimento e tristeza.

Todos esses hábitos passam pelo mesmo ciclo, que pode ser visualizado no quadro a seguir.

O ciclo do hábito

- **Gatilho:** um estímulo que desencadeia o comportamento habitual.
- **Rotina:** o comportamento habitual em si.
- **Recompensa:** a consequência positiva que reforça o comportamento habitual.

Maus hábitos são formados quando, de maneira constante, fazemos escolhas que não contribuem para nosso bem-estar. Algumas dessas escolhas acabam sendo realizadas de modo inconsciente, nos fazendo semelhantes àquilo que Napoleon Hill chamou de "alienado".

Alienada é aquela pessoa que, sem perceber, está sendo levada por um fluxo de comportamentos automáticos, muitas vezes sabotadores, que a afastam do seu verdadeiro potencial. Eles atuam como uma força invisível, moldando nossos dias e determinando o rumo das nossas vidas, sem que tenhamos plena consciência disso.

Nesse contexto, o "alienado" é aquele que se deixa levar por influências externas, por pressões sociais ou familiares, por distrações, por crenças limitantes, sem nunca questionar a validade dessas influências. Ele vive em uma espécie de **piloto automático**, repetindo comportamentos que o afastam de seus objetivos e sonhos.

Da mesma forma, muitas vezes nos vemos presos a maus hábitos que, a princípio, parecem inofensivos, mas com o tempo se acumulam, como uma pilha de pedras que bloqueia o nosso caminho.

A chave para mudar isso começa com um simples passo: identificar os hábitos que não servem mais à sua vida e substituí-los por hábitos novos, mais saudáveis e mais alinhados com o tipo de pessoa que você quer ser. A seguir você encontra um ótimo exercício para te ajudar com isso.

Avaliação dos seus hábitos e do impacto deles em sua vida

1. **Consciência sobre os hábitos prejudiciais. Como você avalia sua consciência sobre os hábitos prejudiciais que você tem?**

   a. Tenho plena consciência dos hábitos prejudiciais que afetam minha vida, e estou constantemente tentando mudá-los.
   b. Tenho alguma consciência dos hábitos prejudiciais, mas não estou fazendo muita coisa para mudá-los.
   c. Estou ciente de alguns hábitos prejudiciais, mas raramente penso sobre como mudá-los.
   d. Tenho pouca ou nenhuma consciência dos meus hábitos prejudiciais.
   e. Não estou consciente de nenhum hábito prejudicial em minha vida.

2. **Capacidade de substituir hábitos ruins. Como você avalia sua capacidade de substituir hábitos prejudiciais por hábitos positivos?**

   a. Tenho plena capacidade de substituir hábitos negativos por positivos e faço isso consistentemente.
   b. Tenho boa capacidade de substituir hábitos negativos por positivos e faço isso com frequência.
   c. Tenho alguma capacidade de substituir hábitos negativos, mas é uma tarefa difícil e raramente faço isso.

d. Tenho pouca capacidade de substituir hábitos negativos e costumo continuar com eles sem mudar.
e. Não consigo substituir hábitos negativos e frequentemente volto a praticá-los.

3. Planejamento para mudança. Como você planeja as mudanças em seus hábitos para melhorar sua vida?

a. Eu crio um plano detalhado e sigo uma rotina de mudança de hábitos, medindo meus progressos frequentemente.
b. Eu crio um plano para mudar meus hábitos, mas não sigo um cronograma consistente.
c. Eu tento mudar meus hábitos sem um plano claro, mas com alguma organização.
d. Eu não tenho um plano claro e frequentemente desisto de mudar meus hábitos antes de ver resultados.
e. Eu não crio planos para mudar meus hábitos, apenas espero que as coisas melhorem com o tempo.

6

AUTOSSABOTAGEM PERSONIFICADA

"Procura a satisfação de veres morrer os teus vícios antes de ti." – ***Sêneca***

Chegamos ao ponto em que vou apresentar um raio X dos erros, problemas e vícios que sabotam o seu "Dia Perfeito" e te fazem viver aquém do seu verdadeiro potencial. Em vez de simplesmente oferecer uma lista de dicas e de soluções genéricas, escolhi compartilhar seis representações de pessoas que, assim como muitos de nós, são reféns de seus próprios hábitos.

Esses comportamentos não são casos isolados. Eles refletem o que acontece com 80% das pessoas ao nosso redor – amigos, familiares, até mesmo com aqueles que você consideraria bem-sucedidos, mas que ainda estão lutando para encontrar equilíbrio.

Esses perfis não são invenções, mas reflexos das realidades que vivemos no dia a dia. Talvez você se veja em um deles, ou quem sabe reconheça alguém que vive exatamente dessa forma. O mais importante aqui é que, ao reconhecer esses erros, você dá o primeiro passo rumo à transformação.

Deixo claro que o uso de nomes neste capítulo é meramente ilustrativo e para fins de representação. Qualquer semelhança com nomes reais, de pessoas, lugares ou situações, é pura coincidência. Se você se deparar com um nome parecido com o seu ou com o de alguém que você conhece, não há razão para se ofender. A intenção é criar exemplos e histórias que ilustrem os conceitos e as ideias apresentadas, e não direcionar ou atribuir características a pessoas reais.

Persona 1 - Carlos Cansado

Quem é? Carlos tem boas intenções. Ele quer ser produtivo, quer ter energia, quer ser mais disciplinado. Mas, no final das contas, vive cansado. Ele está sempre dizendo frases como: "Quando eu tiver mais disposição, começo a treinar" ou "Quando eu tiver mais ânimo, vou acordar mais cedo". O problema? Esse dia nunca chega. Assim, Carlos vive esperando "sentir para agir".

Como é a sua rotina? Carlos acorda tarde, sempre no susto, depois de apertar a função soneca várias vezes. Sai da cama atrasado, pega o celular e já começa o dia respondendo mensagens. Não bebe água, não toma sol, não se movimenta e se alimenta mal. Vai para o trabalho correndo, cansado, irritado e sem foco. No final do dia, diz: "Hoje não deu pra fazer nada. Que cansaço!".

Onde ele se engana? Carlos acha que a energia é algo que ele vai ganhar. Ele espera acordar naturalmente disposto. Acredita que o problema é o mundo, o trabalho ou os outros, mas não percebe que energia não é algo que você ganha. Energia é algo que você fabrica.

Origem do problema: Carlos cresceu ouvindo que energia é algo que vem de dormir muito ou descansar o suficiente. Nunca foi ensinado que ter energia é resultado de hábitos ativos e consistentes – seja no corpo, na mente ou no ambiente.

Causa: falta um protocolo matinal. Ele começa o dia perdendo as primeiras batalhas: acorda tarde, pega o celular cedo, não se hidrata, não se move etc.

Solução prática: ser orientado à ação. Começar acordando no mesmo horário todos os dias. Beber água assim que acordar. Expor-se ao sol. Movimentar o corpo. Respirar profundamente. Tomar café puro sem açúcar. Encarar um banho gelado. Tudo simples, tudo possível.

Frase de virada: "Não é agir quando se tem energia. É gerar energia ao agir."

A ciência explica

De forma bem simples, nosso cérebro e corpo foram programados ao longo da evolução para economizar energia. Isso aconteceu porque, em tempos antigos, cada esforço físico extra podia ser perigoso e reduzir nossas chances de sobrevivência. Então, o sistema cerebral aprendeu a ser eficiente e evitar o desperdício de energia.

Por exemplo, o "cérebro preguiçoso" é um fenômeno natural. Ele tende a nos fazer evitar esforços desnecessários e nos dá prazer sempre que conseguimos reduzir ou evitar o trabalho físico. Isso acontece devido a substâncias como a **dopamina** (que gera prazer) e o **cortisol** (que nos alerta para o estresse e nos faz querer economizar energia). Nosso corpo também é projetado para ser econômico no uso da energia: ele reduz a atividade muscular quando não é essencial, como forma de preservar energia.

No entanto, esse comportamento, que foi essencial para nossa sobrevivência no passado, agora está nos prejudicando. Vivemos em um mundo moderno onde a necessidade de gastar energia não é mais a mesma.

Graças à tecnologia, muitos dos nossos esforços diários – como cozinhar, limpar e até nos comunicar – podem ser feitos sem esforço físico significativo. Isso nos levou a uma vida mais sedentária, na qual o conforto e a conveniência são priorizados, mas o movimento e o esforço físico diminuem.

Além disso, o uso excessivo de tecnologia e a exposição constante a redes sociais e vídeos de entretenimento têm reforçado esse comportamento sedentário. Essas atividades nos mantêm engajados mentalmente, mas não exigem movimento, o que piora ainda mais a falta de atividade física.

O problema do sedentarismo é sério. Não só ele nos deixa sem energia, mas também está ligado a várias condições de saúde graves, como obesidade, doenças cardíacas, diabetes tipo 2 e problemas musculoesqueléticos.

Estudos mostram que o sedentarismo é **tão perigoso quanto fumar ou consumir álcool** em excesso. Mais do que isso, o sedentarismo também afeta nossa saúde mental. Quando não nos movemos o suficiente, o nosso corpo não libera neurotransmissores importantes, como a serotonina e a dopamina, que ajudam a regular o humor e a sensação de bem-estar. Isso pode levar ao aumento do estresse, da ansiedade e até da depressão.

Portanto, o que antes era uma estratégia de sobrevivência agora está nos impedindo de viver uma vida saudável e equilibrada. Para o

Carlos Cansado mudar isso, é essencial que comece a quebrar o ciclo do sedentarismo e a adotar o movimento no dia a dia.

De novo: não se trata de fazer grandes mudanças de uma vez, mas de incorporar pequenos hábitos diários que nos ajudem a ativar o nosso corpo e manter nossa saúde física e mental em dia.

Persona 2 - Paula Ocupada

Quem é? Paula é daquelas pessoas que se orgulham de estar sempre ocupadas. Está sempre correndo, sempre dizendo que não para um segundo. Ela tem aquela energia incansável, parece que vive no modo "guerra" o tempo todo. Só que, no fundo, ela tem uma sensação constante de que, apesar de tanto movimento, não entrega o que realmente importa. Ela confunde estar ocupada com ser produtiva. Em sua mente, quanto mais coisas ela fizer, mais estará avançando, mas, quando olha para trás, percebe que o que construiu não é sólido. Ela gastou tanto tempo apagando incêndios e resolvendo crises, que o que realmente importa nunca foi tocado.

Como é sua rotina? Paula começa o dia de forma desorganizada, já respondendo mensagens assim que acorda. Ela checa os e-mails antes de se dar ao trabalho de se preparar para o dia. Passa o resto das horas pulando de uma tarefa para outra, sem qualquer tipo de planejamento ou foco. Aceita todas as reuniões e demandas e acaba fazendo muitas coisas ao mesmo tempo, mas de maneira ineficaz. Ela está sempre ocupada, mas, no final do dia, sente que não avançou. Está exausta, mas não sabe ao certo o que construiu.

Onde ela se engana? O grande erro de Paula é achar que a produtividade está relacionada com a quantidade de tarefas feitas, quando, na verdade, produtividade é uma questão de qualidade. Ela acredita que trabalhar o tempo todo vai trazer resultados, mas, na realidade, ela acaba gastando energia com o que é urgente, mas não essencial. Paula está constantemente no "modo reativo", lidando com as demandas do dia a dia, dizendo "sim" para tudo e "não" para o que realmente importa.

Origem do problema: Paula cresceu em um ambiente em que o esforço era exaltado. Ela sempre ouviu que quem trabalha muito é quem vence na vida. Desde jovem, a ideia de "mais é melhor" foi inculcada nela, mas nunca foi ensinada a trabalhar de maneira estratégica. Nunca aprendeu a filtrar tarefas, a dar prioridade ao que realmente importa ou a dizer "não" quando necessário.

Causa: o grande problema de Paula é a falta de planejamento real. Ela não tem clareza do que de fato vai gerar resultados. Não possui um método eficiente para classificar e priorizar suas tarefas. Sua agenda está cheia de coisas, mas não está organizada para alcançar suas metas de longo prazo. Ela vive ocupada, mas, no fundo, está travada, sem conseguir avançar de forma consistente.

Solução prática: produtividade não é uma questão de esforço, mas sim de resultado. O segredo para Paula é começar a planejar sua semana no domingo, para ter uma visão clara do que precisa ser feito. Ela deve aprender a definir suas três prioridades do dia, focar a tarefa mais difícil primeiro, trabalhar em blocos de tempo e, o mais importante, aprender a dizer "não" ao que não traz resultados concretos. Paula precisa aprender a eliminar distrações, delegar tarefas que não são essenciais e automatizar o que for possível.

Frase de virada: "Ocupado é quem faz tudo. Produtivo é quem faz o que importa."

Alta performance não é produzir até a exaustão

Uma pesquisa recente (feita em 2024) revelou algo alarmante: mais da metade dos profissionais em tempo integral nos Estados Unidos já sentiram a sensação de esgotamento no último ano. E, embora a maioria ainda passe o dia tentando ignorar os sinais, o fato é que o *burnout* é uma realidade para muitas pessoas. Por isso, talvez seja hora de encarar os dados de frente e entender como isso afeta você. Vamos ser honestos: se você não fizer nada para mudar, seguirá em um círculo vicioso sem fim.

Mas, antes de nos aprofundarmos no problema, é bom entender melhor o que está por trás do *burnout*.

O professor Michael Leiter, coautor do livro *O desafio do burnout* e especialista da Universidade Acadia, afirma que o *burnout* frequentemente surge quando as expectativas do trabalho não coincidem com a realidade. Ou seja, quando você é puxado para um ritmo ou uma carga de tarefas que simplesmente não consegue mais acompanhar, a chance de se sentir esgotado é muito alta.

Aqui está o grande erro que todos cometemos: acreditamos que fazer mais e mais é o caminho para o sucesso. Até que um dia, o nosso corpo simplesmente diz "chega!". E então, o que antes parecia ser produtividade se transforma em um fardo.

Agora, imagine o que acontece quando você sente que não tem controle sobre o seu dia. Ou quando, simplesmente, o que você faz não tem gratificação ou propósito. O *burnout* pode se manifestar quando você perde esse sentido de controle e gratificação. E é isso que ocorre com tantas pessoas. Elas se sentem como um hamster na roda: correndo, correndo, mas nunca saindo do lugar. Isso não é apenas exaustão física; é um esgotamento profundo da alma. Quando o estresse se acumula sem pausa, você não sente mais satisfação no que faz, nem mesmo ao alcançar resultados. E o pior de tudo? Você nem percebe quando está chegando lá.

Eu sei o que você está pensando: "Mas, Joel, se eu não trabalhar mais, as coisas vão desandar". Errado! O problema é que continuar a trabalhar dessa forma, sem descanso ou perspectiva de mudanças, vai te levar a um lugar de onde não existe retorno. Há um limite para a pressão que o corpo e a mente são capazes de aguentar.

Se você é como a Paula Ocupada, há uma pergunta inteligente que pode fazer para refletir sobre seu quadro: "Eu realmente tenho controle sobre o meu dia?". Você tem o poder de decidir o que prioriza e como executa suas tarefas. E se você não tem? Então está na hora de mudar isso. A chave está em parar de se sobrecarregar com tarefas que não são essenciais e não trazem um impacto real.

Aqui está o segredo que as pessoas com alta performance sabem, mas poucos compartilham: não se trata de ser o herói todos os dias. O verdadeiro sucesso está em gerenciar suas tarefas com inteligência. E isso significa entender que você pode ter um controle total sobre o seu ritmo. Você pode escolher seus horários, suas pausas e suas prioridades. Por isso, meu conselho como seu professor é que você não deixe que o ritmo frenético da vida moderna controle você. Assuma o comando. O Protocolo de Rotina Produtiva vai te ajudar com isso – já estamos quase lá!

Persona 3 - Rodrigo Sabichão

Quem é? Rodrigo adora dizer que já sabe. Que já viu tudo. Já leu sobre o assunto do momento. Ele acredita que o aprendizado é só para quem está começando. Acha que só aprende quem faz curso, quem estuda horas, quem está na escola da vida formal. Mas, na prática, ele parou de aprender faz tempo.

Como é a rotina dele? Rodrigo passa o dia em piloto automático. Acorda, trabalha, reclama do chefe, reclama do time, acha que sabe tudo de marketing, gestão, liderança, mas vive repetindo os mesmos erros. Nunca tem um caderno na mão. Nunca anota nada. Não costuma fazer perguntas. Não escuta com humildade. Quando alguém tenta ensinar algo, ele corta: "Isso eu já sei". Resultado? Estagnado.

Onde ele se engana? Rodrigo acha que aprendizado só acontece quando se está sentado numa sala de aula. Esquece que quem aprende muito é quem vive atento, quem é curioso, humilde, disposto a ouvir e testar o novo.

Origem do problema: cresceu ouvindo que inteligência é ter resposta para tudo. Que mostrar dúvida é fraqueza. Foi condicionado a querer parecer esperto, em vez de ser realmente aprendiz.

Causa: falha em reconhecer que somos eternos alunos. Falta de humildade. Falta de uma rotina diária que leva a buscar, anotar, ouvir, perguntar e aplicar.

Solução prática: reconhecer que o aprendizado importa. Comprar livros com frequência. Ler cinco páginas por dia. Anotar insights. Ouvir podcasts no trânsito. Fazer perguntas sinceras. Revisar anotações. Participar de mesas estratégicas. Ensinar alguém. Estar sempre em "modo aluno". Ouvir mais, falar menos.

Frase de virada: "Quem acha que sabe tudo parou de crescer faz tempo."

FAZER MENOS,
MAS FAZER BEM,
É MUITO MAIS
VALIOSO DO QUE FAZER
MAIS E FALHAR.

O poder do aprendizado constante

Há ainda um tipo de pensamento que molda o brasileiro, sobretudo os membros da classe média: "Vou encarar isso aqui até pegar o diploma e conseguir meu emprego estável". Quantas pessoas você conhece que só leram livros na faculdade ou enquanto estudavam para um concurso e, depois disso, nunca mais? Isso é um problema, porque aprender não é algo que você faz uma vez e pronto. Aprender é um processo contínuo, algo que fazemos todos os dias, não uma tarefa para marcar como cumprida e seguir em frente.

A verdadeira transformação acontece quando você aceita o aprendizado como parte do seu DNA, não como uma tarefa que pode ser "concluída". Isso mesmo, você está sempre aprendendo ou está estagnado. Rubem Alves deixou claro: "Só aprende quem tem fome, e por isso é preciso despertar a fome de saber". Se você ainda não sacou a magnitude dessa frase, vou te explicar: a fome de aprender é a chama que te impulsiona a alcançar mais, sempre. Só que tem uma condição: você está alimentando essa fome?

Agora, pense no Rodrigo, o cara que acha que já sabe tudo – o famoso "sabichão". Se ele não abrir os olhos, vai ficar preso em um ciclo de estagnação. Ele acredita que aprender é só para quem está em busca de um diploma ou de um título, mas não é bem assim. O aprendizado verdadeiro não vem só de livros ou palestras, mas da experiência diária, da observação atenta e, o mais importante, da humildade de aprender com os outros.

O futurista Alvin Toffler acertou em cheio quando disse: "O analfabeto do século 21 não será aquele que não sabe ler e escrever, mas aquele que não sabe aprender, desaprender e reaprender". Ou seja, quem não está disposto a se adaptar, a mudar de opinião, a recomeçar, vai ficar para trás. Vivemos em um mundo que está mudando a cada

QUANDO VOCÊ
PARA DE APRENDER,
ESTÁ MORTO POR DENTRO.

segundo, e a única maneira de não ser deixado para trás é aprender continuamente. Não se trata de apenas adicionar conhecimento, mas de testar, questionar e mudar sempre que necessário. O jogo é dinâmico. A regra é simples: quem não evolui morre.

Por isso, a essência do aprendizado real é o que você faz com ele, todos os dias. A ideia não é acumular informações, mas aplicar e testar o que você aprende. Aqui está o segredo: Rodrigo, se começasse a praticar isso, não só quebraria a barreira do conhecimento estagnado, como abriria portas para um sucesso que nunca imaginou. Ele começaria a crescer. De verdade.

Agora, o que você pode fazer para incorporar esse aprendizado contínuo à sua vida? A resposta está em ações simples, mas poderosas, retiradas de minha própria rotina.

1. **Leia todos os dias.** Não precisa de horas. Dedique quinze a vinte minutos por dia. Isso vai te transformar. Cinco páginas. Simples assim.
2. **Anote insights.** Não importa o quão simples seja. Pegue um caderno e anote. É isso que vai te ajudar a fixar o aprendizado de verdade.
3. **Ouça podcasts e audiolivros.** Aproveite aqueles momentos que você perde no trânsito ou nas tarefas cotidianas. Ao fazer isso, você mantém sua mente ativa, aberta e sempre aprendendo.
4. **Peça feedback.** Não tenha medo de perguntar. O verdadeiro aprendizado começa quando você tem humildade para ouvir.
5. **Ensine o que você aprende.** Ensinar a outros é a maneira mais eficaz de consolidar o que você aprendeu. Não

importa para quem – ensine. Ao fazer isso, você descobre em que ainda pode melhorar.

Agora, imagine um cenário: a cada dia, você alimenta sua curiosidade, busca saber mais, faz perguntas, ouve, aplica e compartilha. Essa prática constante vai moldar quem você é e aonde você chega.

A questão é simples: você está disposto a continuar aprendendo ou vai deixar o tempo passar enquanto o mundo gira ao seu redor?

Persona 4 - Fernanda Distante

Quem é? Fernanda é gente boa, trabalha muito, faz mil coisas, mas esqueceu de ser gente perto de gente. É aquela pessoa que está sempre disponível para os outros na internet, para o trabalho, para os clientes, mas distante da própria família, dos amigos, das pessoas que mais importam. Ela acredita que "um dia" vai ter tempo para curtir mais os filhos, para ligar para os pais, para tomar aquele café com os amigos antigos. Só que esse dia não chega nunca.

Como é sua rotina? Fernanda já acorda respondendo e-mails. Passa o dia em reuniões. Fala com dezenas de pessoas por mensagem, mas não conversa com quem mora na mesma casa. Chega em casa cansada, pega o celular, vai ver stories de quem ela nem conhece direito, e os filhos, o marido, os amigos… todos ignorados. No final do dia, pensa: "Preciso ver se marco algo com eles a qualquer hora dessas".

Onde ela se engana? Fernanda acha que conexão de verdade acontece só em datas especiais. Só em época de férias. Só quando tiver tempo livre. Ela não entendeu que conexão acontece no ordinário. No café. No abraço. No "oi". No bilhete. Na presença sem celular.

Origem do problema: ela foi ensinada que sucesso é estar ocupada. Que importante é estar sem tempo. Tornou-se refém da própria agenda e começou a negligenciar quem está mais perto.

Causa: falta intencionalidade nas relações. Falta ritual de presença. Falta olhar para quem está do lado. Vive conectada com o mundo e desconectada de quem mais importa.

Solução prática: criar rotina de conexão diária. Mandar mensagem para quem ama. Fazer uma pergunta sincera. Abraçar. Almoçar sem celular. Participar da vida real de quem vive com ela. Estar perto de verdade. Cultivar vínculos antes que se percam.

Frase de virada: "Quem não cuida de quem está perto um dia sentirá falta de quem está longe."

O desafio de estar 100% presente

Você já teve aquela falsa sensação de que ser ocupado é a mesma coisa que ser produtivo? Como a Fernanda, muitos hoje não percebem que, apesar de estarem sempre "fazendo", estão apenas se ocupando de tarefas sem impacto real. É preciso evitar essa armadilha que o mundo moderno nos empurra: viver em um ritmo frenético, em que o "fazer por fazer" se sobrepõe ao "fazer o que realmente importa".

Não podemos acreditar que, um dia, quando tudo se acalmar, vamos ter tempo para estar com a família, sair com os amigos ou mesmo dar atenção aos nossos parceiros. E se esse "um dia" nunca chegar? Fernandas Distantes são reféns da própria rotina.

Na era pós-digital, é fácil cair na tentação de achar que estamos conectados porque estamos conversando por mensagem ou respondendo e-mails. Mas, na realidade, o que estamos fazendo é apenas reagindo. As redes sociais, os e-mails, as mensagens instantâneas – todos esses estímulos fazem nos sentirmos conectados, mas na verdade podemos estar desconectados de quem realmente importa.

Em vez de se manter distante, dê total atenção à pessoa que está ao seu lado. O segredo para fortalecer os laços afetivos está em como você dedica o seu tempo, e não em quanto tempo você está disponível.

Felizmente, não é tarde para Fernanda – nem para você. A mudança começa com uma decisão simples: presença genuína. Ela não precisa planejar grandes encontros ou compromissos. As conexões mais profundas podem ser feitas nos pequenos momentos do dia a dia. Uma mensagem de carinho, um abraço apertado, um tempo dedicado à conversa sem interrupções.

Persona 5 - Marcelo Automático

Quem é? Marcelo é o cara que vive correndo. Ele acorda, trabalha, paga contas, resolve problemas, entrega, responde, corre... e repete tudo no dia seguinte. A sua vida se tornou um grande "modo automático". Ele não faz pausas para refletir, não dedica tempo para se conectar com seus sentimentos, nem para revisar suas ações. Vive fazendo, vive no fluxo, mas não sabe para onde está indo.

Como é sua rotina? Marcelo já acorda atrasado. Vai para o trabalho no piloto automático. Come o que dá. Fala o que sempre fala. Faz o que sempre faz. Não pensa se está certo, se está errado, se está feliz, se está insatisfeito. Só faz. Quando se deita para dormir, muitas vezes está esgotado, mas não consegue nem lembrar direito o que viveu no dia. Tudo se tornou um borrão.

O VERDADEIRO DESAFIO É SABER DESLIGAR-SE.

DESLIGAR-SE DAS TELAS, DAS NOTIFICAÇÕES, DO FLUXO INTERMINÁVEL DE INFORMAÇÕES.

Onde ele se engana? Acha que parar e refletir é perda de tempo. Acredita que quem pensa muito age pouco. Só que o problema é o contrário: quem nada pensa vive repetindo os mesmos erros.

Origem do problema: cresceu ouvindo que "vida é luta", "é trabalho", "é correria". Nunca foi ensinado a parar, a olhar para dentro, a fazer perguntas para si mesmo. Não aprendeu a revisar a própria rota.

Causa: falta de pausa. Falta de espaço mental. Falta de perguntas. Falta de rotina de reflexão. Vive ocupado demais para pensar. Vive cansado demais para sentir.

Solução prática: parar todo dia, nem que seja durante cinco minutos. Escrever no diário. Perguntar para si mesmo: "O que eu aprendi hoje?", "O que eu poderia ter feito melhor?", "Pelo que eu sou grato?". Revisar o dia. Revisar a semana. Revisar a vida. Porque quem não pausa para revisar, uma hora quebra.

Frase de virada: "A vida sem reflexão se torna repetição."

Sócrates manda lembranças

Verdade seja dita: não fomos ensinados a pensar. Desde pequenos, somos moldados a reagir – a seguir ordens, a cumprir prazos, a fazer o que é esperado. A escola nos ensina a memorizar, a seguir fórmulas e a cumprir tarefas. O mundo está constantemente nos dizendo o que fazer, e nós simplesmente seguimos isso. Mas aqui está a verdade dura: isso nos impede de pensar de verdade.

Quem ensina a arte de refletir? Quem nos mostra como olhar para dentro e questionar o que estamos fazendo? A maioria das pessoas simplesmente vai vivendo, cumprindo a rotina, sem nunca parar para pensar se aquilo faz sentido ou se está de acordo com o que elas de fato querem.

É desconfortável, porque pensar exige esforço. Pensar requer coragem para confrontar nossas falhas, nossas limitações e até mesmo nossas certezas. Mas se você não aprender a pensar, se não fizer essa pausa diária para refletir, vai acabar se deixando levar pela maré. Vai ser mais um a seguir o fluxo, a cumprir a agenda alheia, sem nunca se perguntar: "É isso que eu realmente quero para a minha vida?".

E é por isso que, quando você decide parar e pensar, está indo contra a corrente. Está se afastando do comportamento automático, superando a escravidão que citei no capítulo anterior e entrando na zona dos que buscam mais para si mesmos. Esse é o caminho do "não alienado".

Pensar vai te levar a tomar decisões mais conscientes e, o mais importante, a se tornar alguém que sabe exatamente aonde quer chegar.

"Uma vida sem reflexão não vale a pena ser vivida." Esse é o resumo do fundamento socrático, que nos ensina que viver sem questionar, sem buscar entender o propósito por trás de nossas ações, é simplesmente existir, não viver de fato.

Se você se identifica com o Marcelo Automático, saiba que a reflexão é fundamental para a vida e o bem-estar, pois nos permite:

- **Conhecer-nos melhor:** compreender nossas emoções, nossos pensamentos e nossas motivações.
- **Tomar decisões conscientes:** avaliar as consequências de nossas escolhas e agir de acordo com nossos valores.
- **Buscar o propósito:** encontrar sentido na vida e nas experiências.
- **Desenvolver a autoconsciência:** perceber nossos pontos fortes e fracos e trabalhar em nosso crescimento pessoal.

PENSAR É A CHAVE.

SEM REFLEXÃO,
VOCÊ É APENAS MAIS UM NO JOGO; MAS COM REFLEXÃO VOCÊ COMEÇA A CRIAR SEU PRÓPRIO CAMINHO.

- **Aumentar o bem-estar mental:** a reflexão pode ajudar a reduzir o estresse, a ansiedade e a depressão.

Persona 6 - Patrícia Culpada

Quem é? Patrícia é aquela pessoa que não sabe descansar. E quando descansa, se sente culpada. Ela cresceu ouvindo que descansar é preguiça, que parar é desperdício, que sucesso é para quem está sempre cansado. O corpo pede socorro, mas a mente não a deixa desligar.

Como é sua rotina? Patrícia acorda cansada porque dorme mal. Vai dormir tarde, rolando feed, assistindo a séries até pegar no sono com o celular caindo na cara. Acorda quebrada. Passa o dia tomando café para sobreviver. Fica o tempo todo acelerada, dizendo que está esgotada, mas quando chega a noite faz tudo de novo. E quando tenta parar para descansar? Vem a culpa: "Eu devia estar fazendo alguma coisa".

Onde ela se engana? Patrícia acha que descansar é luxo, claro, imerecido. Que recuperação é só quando sobra tempo. Ela não entendeu que descansar é técnica. Recuperar é estratégia. Quem descansa bem vive bem.

Origem do problema: foi ensinada a se medir pelo quanto aguenta, não pelo quanto entrega com qualidade. Nunca aprendeu que descanso faz parte da performance, não é inimigo dela.

Causa: rotina mal-organizada. Ambiente ruim para dormir. Falta de protocolo noturno. Celular até tarde. Ansiedade elevada. Falta de rituais para desligar corpo e mente.

Solução prática: criar rotina de recuperação. Ter hora para dormir. Preparar o ambiente. Luz baixa. Nada de telas antes de deitar-se. Respiração. Banho quente. Oração. Alongamento. Acordar com calma. Descansar sem culpa. Porque o descanso certo não atrasa a vida – prepara para ela.

Frase de virada: "Descanso não é falta de trabalho. É respeito pelo corpo."

Por trás da culpa, a vergonha

De acordo com a teoria de Darwin, a razão pela qual estamos aqui é simples: sobreviver e reproduzir. Isso mesmo, sobrevivência e reprodução. E em torno dessas duas ideias giram as decisões que tomamos todos os dias, sem nem percebermos. Mas vamos falar de algo bem comum que você sente, todos os dias, em um nível profundo: a culpa.

Você pode até estar pensando: "Culpa?". Sim, a culpa, aquele sentimento que está diretamente ligado ao seu cérebro lógico, ao córtex pré-frontal. Quando você sente culpa, seu cérebro dá aquela bronca interna, e de repente surgem a ansiedade e a irritação. Mas adivinhe? Existe algo por trás da culpa, algo que vai ainda mais fundo.

Vamos fazer um exercício simples: imagine-se numa quarta-feira qualquer. Nada de férias. Nada de folga. Um dia de trabalho normal. Você decide parar e se sentar no sofá só para não fazer nada. Pode ser só por um tempo, mas você decide não se mexer, não fazer absolutamente nada, nem mesmo usar o celular. Dois minutos bastam para alguém te ligar e perguntar o que você está fazendo. Como você se sente?

Se você for honesto consigo mesmo, notará que essa pergunta já deve ter gerado aquele desconforto, aquele calor na nuca, certo? Você se sente culpado. Mas peraí… por quê? Você sabe que, mesmo não fazendo nada agora, vai entregar o trabalho no prazo. Então, que diabos está acontecendo?

A resposta é simples: você teme a vergonha.

Sim, a vergonha. Aquela sensação nojenta que te arrasta para um lugar ruim só de imaginar o que os outros pensam sobre você. Essa é a prima tóxica da culpa. Só que, veja, ao contrário da culpa, que está ligada ao que você fez de errado com sua própria consciência, a vergonha está conectada ao que os outros vão pensar de você. E, acredite, isso tem uma explicação científica que data dos tempos primitivos. Vergonha e culpa foram emoções essenciais para nossa sobrevivência. Surgiram para nos proteger, para garantir que não fizéssemos nada que pudesse prejudicar nossa tribo.

O sistema nervoso entra em cena. A culpa tem a ver com a dissonância entre o que você pensa e o que faz. E a vergonha? Ah, ela vem diretamente do medo do julgamento social. E o que é pior? O medo de não fazer nada, de simplesmente descansar ou não ser produtivo. Baseia-se no que você acha que os outros irão pensar. O que realmente acontece é isto: a vergonha ativa a culpa, te fazendo acreditar que não está fazendo o que deveria.

Podemos usar outra analogia. Imagine que você está desempregado e vai a uma festa. Lá alguém te pergunta: "E aí, com o que está trabalhando?". Como você reage? Você sente aquela vontade de se esconder, né? De dar uma desculpa, de se justificar. Por quê? Porque, no fundo, a vergonha grita em você. A maioria das pessoas nunca vai perceber que esse comportamento é programado. O cérebro foi moldado para nos proteger, mas, em uma circunstância segura, o que ele faz é nos prender em um ciclo de ansiedade. Isso pode nos impedir de viver de maneira mais leve.

Então, da próxima vez que você se pegar sentindo culpa por não estar fazendo algo ou, pior, sentindo vergonha de não estar "produzindo", pare e pense: "Será que isso está realmente me impedindo de viver a vida que quero ou apenas estou sendo condicionado a acreditar que preciso sempre estar ocupado?".

Exercício de autoanálise

Agora que você conheceu as personas deste capítulo e seus respectivos hábitos, vamos fazer uma análise profunda para verificar com qual delas você mais se identifica.

1. **Leia novamente as descrições das personas.**

    - **Carlos Cansado**: aquele que vive esperando a energia surgir, mas nunca age.
    - **Paula Ocupada**: a que se acha produtiva, mas no fundo não entrega o que realmente importa.
    - **Rodrigo Sabichão**: o que acha que já sabe tudo e para de aprender.
    - **Fernanda Distante**: a que vive ocupada, mas se desconecta emocionalmente das pessoas ao seu redor.
    - **Marcelo Automático**: o que vive no piloto automático, sem se questionar ou refletir sobre seus hábitos.
    - **Patrícia Culpada**: a que não sabe descansar e sente culpa quando tenta.

2. **Identifique com qual persona você mais se relaciona.** Não há certo ou errado aqui, ok? A ideia é ser honesto consigo mesmo. Com qual dessas descrições você sente que tem mais em comum, seja no que faz, no que sente ou no que pensa?

Reflexão: após identificar a persona que mais se parece com você, é hora de dar um passo importante. Escreva uma **declaração de compromisso** que será o ponto de partida para a mudança. Nesse parágrafo, **afirme o que você vai fazer de diferente** para sair desse comportamento e quais ações concretas tomará a partir de agora para iniciar a transformação.

Modelo de declaração de compromisso

Eu, [seu nome]*, reconheço que tenho sido como* [nome da persona] *e minhas ações influenciam de forma negativa. Decido agora mudar isso. A partir de hoje, vou* [incluir ação específica, como "definir três prioridades diárias", "focar a qualidade, não a quantidade", "tirar um tempo para refletir antes de agir", "restaurar minha conexão com as pessoas à minha volta"]. *Eu entendo que essa mudança será constante e gradual e que cada pequeno passo que der será um avanço significativo rumo ao meu objetivo.*

7

À PROCURA DA ROTINA PERFEITA

"Aproveita o dia e confia o mínimo possível no amanhã." – **Horácio**

Você já ouviu falar da expressão *carpe diem*? Esse é um conceito popular que tem, entre outras traduções, "colha o dia", "desfrute o presente", "viva este dia". O filósofo e poeta romano Horácio, em sua famosa expressão, nos incita a viver o agora, sem esperar por algo perfeito no futuro.

Tenho defendido a ideia do "Dia Perfeito" – o dia em que vivemos alinhados com o que nos move, nos sustenta e nos fortalece. O Dia Perfeito é aquele em que você acorda com energia, trabalha com foco, aprende algo novo, se conecta com quem ama, reflete sobre a própria jornada e termina descansando de verdade.

Perceba, não é controle total – é intenção. É quando você vive o dia de forma tão consciente que, mesmo com os imprevistos, você fica em paz porque sabe que viveu o que realmente importa.

O Dia Perfeito é a menor unidade de construção de uma vida extraordinária. Não à toa um sábio salmista pede ao Criador: "Ensina-nos a contar os nossos dias para que o nosso coração alcance sabedoria". Você não muda a sua realidade inteira de uma vez – você muda o seu dia. Porque seu corpo vive no dia. Sua mente atua no dia. Seus resultados são construídos no dia.

Quem organiza o dia organiza a vida. E quem vive o Dia Perfeito com consistência transforma saúde, trabalho, família, propósito e resultado. O milagre não está na vida idealizada. O milagre está no dia bem vivido – e isso é uma questão de "protocolo".

Tivemos seis capítulos até aqui. Seis blocos de conhecimento que prepararam o caminho para que eu apresentasse a você um sistema para conquistar seu *carpe diem*. Chamo esse sistema de...

Os 6Rs do Dia Perfeito

Esse método é simples, direto e totalmente aplicável. Cada "R" representa uma rotina essencial que deve fazer parte do seu dia se você quer viver em alta performance real: com energia, resultados, clareza, presença e paz de espírito.

O que você precisa entender aqui é que esses seis elementos não competem entre si. Eles se complementam. Cada um deles é um pilar que sustenta seu corpo, sua mente, suas emoções e seus resultados. Quando você consegue incluir os 6Rs no cotidiano, passa a criar uma rotina que te fortalece por completo.

Importante: não se trata de adicionar seis novos blocos de tarefas à sua vida – trata-se de incluir hábitos estratégicos que se encaixam naturalmente no que você já faz, mas que trazem resultados transformadores. Você vai perceber que, ao integrar esses 6Rs, cada dia seu será uma construção sólida rumo a uma vida mais equilibrada e performática.

1. **Rotina energética:** ativa o corpo, desperta a mente e prepara o terreno.
2. **Rotina produtiva:** direciona o esforço para o que realmente gera resultado.
3. **Rotina de aprendizado:** expande sua capacidade, atualiza sua visão e desenvolve novas habilidades.
4. **Rotina de conexão:** fortalece os laços com quem importa e nutre seu lado humano.
5. **Rotina de reflexão:** organiza os pensamentos, alinha as decisões e sustenta o propósito.
6. **Rotina de recuperação:** restaura a energia física, emocional e espiritual, preparando você para o dia seguinte.

Note como elas têm relação com as seis personas que apresentei no capítulo anterior. Se cada vício tem uma virtude oposta e, portanto, pode ser superado com a prática dessa virtude, uma má rotina pode ser superada com uma boa rotina. Nesse caso, são seis rotinas que formam um protocolo diário.

Não é uma agenda rígida que você precisa seguir minuto a minuto. É um conjunto de práticas que te mantêm no eixo, te puxam para o centro, te fazem voltar para a rota quando as circunstâncias tentam te tirar dela. Também ressalto que você não precisa fazer tudo perfeito, todo dia. Mas precisa ter consciência dessas seis áreas e construir hábitos simples dentro de cada uma. O imprescindível é ter clareza e consistência, elementos que temos mencionado desde as primeiras linhas. É isso que o método 6Rs vai te entregar.

A base desse método é o conceito de micro-hábitos. Hábitos tão simples que você não pode falhar ao colocá-los em prática. Tão pequenos que cabem em qualquer rotina. Mas tão poderosos que, quando somados ao longo do tempo, constroem resultados gigantes. A paciência e a persistência são suas melhores amigas no processo de transformação. Quando você se compromete a seguir seus micro-hábitos todos os dias, independentemente de como se sente, está plantando as sementes para o sucesso duradouro.

Imagine o jardineiro que cuida das suas plantas diariamente. Ele não pode esperar ver uma flor a cada momento, mas sabe que, com paciência, a dedicação será recompensada. Da mesma forma, no seu Dia Perfeito, você deve regar suas ações com frequência, mesmo que o impacto não seja imediato.

Um alerta: não confunda rotina com monotonia

O que muda a vida de qualquer pessoa, sem exceção, é a habilidade de fazer coisas importantes – ou até indispensáveis – de forma automática, sem precisar de esforço mental. Isso é o que conhecemos como "rotina".

Escovar os dentes, dar um simples bom-dia para quem cruza seu caminho, dirigir até o trabalho. Tudo isso é feito automaticamente. Não precisamos pensar para fazer essas coisas. Elas são realizadas no piloto automático, liberando nossa mente para tarefas mais complexas.

As pessoas não gostam é da tal monotonia. E com razão! Por isso eu digo que a verdadeira sacada é fazer todos os dias as mesmas coisas, mas de maneiras diferentes. Vamos supor que você almoce todos os dias no mesmo restaurante perto do trabalho. Se a comida for igual, a cada dia, sem variação, o hábito vira monotonia. O mesmo vale para a academia. Exercitar-se todos os dias na mesma rotina, na mesma sequência de aparelhos, ouvindo sempre as mesmas músicas... isso vai ser cansativo, e tanto faz se você treina leve ou pesado. A repetição sem inovação, sem diferença, é o que mata a motivação.

E aí está o perigo: quando você se cansa da rotina, pode acabar abandonando os bons hábitos, tomando decisões erradas e desandando. O problema não está em se exercitar, mas em como você faz isso. Mudanças na maneira como você executa suas rotinas diárias podem trazer o impacto que você tanto deseja.

Tive uma conversa com uma senhora após uma palestra em uma empresa, e ela disse algo que me deixou pensativo: "Joel, eu finalmente entendi que precisava mudar o meu casamento. Tudo o que eu não queria era que ele caísse na rotina, como aconteceu com meus pais. Eu até tento fazer o meu ser diferente, mas está tudo igual". E aí ela teve um estalo, um insight. "Ninguém nunca me disse que meu foco deveria ser outro. O problema não estava no hábito de estar com meu marido, mas no que estava sendo feito com esse hábito."

Essa confusão acontece não só no casamento, mas no trabalho também. Muitas pessoas estão reclamando do que fazem, mas não percebem que o problema está na monotonia. Sem a reflexão correta, elas podem achar que a solução está em mudar de carreira. Depois de algum tempo, se arrependem e se dão conta de que desperdiçaram anos de vida.

É como aquele cara que vive dizendo "nunca estou satisfeito". Ele muda, tenta outra coisa, mas acaba voltando para a mesma posição profissional de cinco anos antes. No fim, ele percebe: "Eu era melhor no que fazia antes". O problema não estava no trabalho em si, mas na forma como ele estava fazendo o mesmo trabalho, dia após dia, sem inovação.

Portanto, a mudança que você procura às vezes pode estar em reformular a maneira como encara o que já faz. As seis rotinas que acabei de te apresentar, e que destrincharemos no próximo capítulo, formam o manual perfeito para isso.

E agora que você já entendeu a diferença entre rotina e monotonia, chegou a hora de avaliar suas próprias rotinas diárias. Este exercício é para te ajudar a identificar os momentos em que está deixando a monotonia invadir sua vida e como você pode transformar suas rotinas em ações mais significativas.

Exercício de avaliação: reflexão sobre suas rotinas

1. **Identificando suas rotinas automáticas**

- **Quais são as atividades que você faz no piloto automático?**
  » Exemplo: escovar os dentes, tomar café da manhã, dirigir até o trabalho etc.
  » Faça uma lista dessas ações que você faz sem pensar.

2. **Avaliando a monotonia em sua rotina**

- **Alguma dessas atividades já está se tornando monótona ou sem graça?**
  » Pense nas coisas que você faz repetidamente, mas que já não trazem mais prazer ou propósito.
  » Quais atividades você poderia fazer de forma diferente para quebrar a rotina? O que você pode mudar para renovar a experiência?

3. **Mudando a percepção sobre a repetição**

- Quando você sente que a monotonia está te afastando dos seus objetivos ou da sua felicidade?
  » Reflita sobre os momentos do seu dia que se tornaram maçantes e que, talvez, estejam te impedindo de alcançar os resultados desejados.
  » Pergunte-se: o que posso mudar nesses momentos para torná-los mais produtivos e satisfatórios?

8

TRANSFORMANDO SUA ROTINA: OS 6RS NA PRÁTICA

"Na vida, muita gente sabe o que fazer, mas poucos são aqueles que realmente fazem o que sabem. Saber não é o bastante! É preciso que você entre em ação." – **Anthony Robbins**

Se você é meu seguidor, leitor ou aluno, deve ter percebido que sou apaixonado por padrões. Identificar ou criar padrões é um ato inteligente e serve como uma ferramenta poderosa para organizar a vida de forma que ela aconteça de maneira mais eficiente e significativa. Padrões são a espinha dorsal do progresso e, quando bem estruturados, tornam-se a chave para transformar o ordinário em extraordinário.

Nesta última parte, você encontrará uma estrutura sólida e prática para estabelecer hábitos que realmente transformam. Cada elemento dos 6Rs será apresentado de maneira clara e acessível, começando com uma introdução ao conceito, seguida de uma explicação mais profunda e, por fim, um protocolo de vinte tópicos práticos, feitos para ajudar você a estabelecer uma rotina de alta performance nas diferentes áreas da sua vida.

Essas listas são mais do que simples orientações. Elas são um guia prático, que serve para te apoiar a aplicar os 6Rs de forma consistente, ajudando você a alcançar seus objetivos e construir uma vida mais focada, equilibrada e plena. Cada protocolo foi pensado para ajudar você a começar, mas também a se manter no caminho certo, ajustando-se conforme suas necessidades e evolução.

Vamos lá!

1. Rotina energética: ativando o corpo e a mente

*"As manhãs são onde as batalhas da vida são ganhas ou perdidas." – **Jim Rohn***

Imagine o seguinte cenário: você acorda pela manhã e, em vez de arrastar os pés, sente-se revigorado, com uma sensação de energia plena. Você se sente pronto para encarar o que o dia tem a oferecer – não apenas fisicamente, mas também mentalmente. Agora, imagine isso acontecendo todos os dias, sem falhar. Esse é o poder da energia, e mais importante ainda é o poder de controlar e cultivar essa energia de forma consistente.

Já percebeu como os dias em que você tem energia abundante parecem ser os mais produtivos? E como, quando você se sente exaurido, o simples fato de sair da cama parece uma missão impossível? O que muitos não percebem é que a energia não é um presente ocasional, mas sim algo que você constrói. E a maneira de construir essa energia está na **rotina energética**.

Assim como um motor precisa de combustível de qualidade para funcionar, o seu corpo e a sua mente precisam de práticas diárias que ativem a energia física e mental.

No capítulo anterior, falamos sobre a importância da intenção ao viver o Dia Perfeito. Agora, vamos focar um dos fundamentos essenciais desse dia. É através dessa rotina específica que você vai aprender como ativar o corpo, despertar a mente e se preparar para enfrentar qualquer desafio com vitalidade.

Quando eu era atleta da seleção brasileira de natação, a rotina energética era parte da minha vida, mas não como eu vejo hoje. Naquela época, acordar cedo, treinar até a exaustão, cuidar do corpo, monitorar cada detalhe era obrigação profissional, era trabalho, era competição. Não tinha romantismo, não tinha reflexão sobre saúde, era campo de batalha. Meu corpo era minha ferramenta de trabalho, meu desempenho era minha moeda, e meu relógio biológico era regulado pelo próximo campeonato.

Só que o tempo passou. Eu encerrei minha carreira como atleta e, com ela, encerrei minha disciplina com a saúde. Em outras palavras, me perdi no improviso. Fiquei sem trilho e me transformei num homem noturno, trabalhando até tarde, dormindo sem hora certa, comendo o que dava, ignorando completamente a estrutura que tinha sustentado minha alta performance por tantos anos.

O peso veio, literalmente: ganhei 22 quilos. Meu corpo avisou: "Você não está mais cuidando do seu bem precioso". Mas o sucesso profissional naqueles anos anestesiou a percepção. Cresci nos negócios, me destaquei, bati metas, me tornei referência. Por fora, parecia tudo bem. Eu extraía energia do trabalho, da pressão, da adrenalina para entregar resultados. Só que por dentro a conta estava chegando.

Sem perceber, comecei a ficar mais lento para pensar, mais cansado para começar o dia, mais preguiçoso para sair da cama. Às vezes esquecia nomes, tarefas, detalhes simples. Achei que era o peso do crescimento. Mas era o peso da negligência.

Demorou para a ficha cair. Mas ela caiu. Percebi finalmente que o foco não devia ser estar ocupado, mas sim estar bem. Que alta performance no trabalho sem alta performance no corpo é uma bomba-relógio. Que energia de verdade não é aquela que vem do estresse, mas a que vem da construção diária, silenciosa e intencional. Foi aí que decidi recuperar a minha rotina energética.

Comecei a acordar cedo novamente, voltei a correr na praia e agora me hidrato com água de verdade. O treino passou a ser uma escolha consciente, não uma obrigação. Já se passaram mais de dez anos desde que parei de consumir álcool, e a água se tornou meu combustível essencial. Assumi o controle da minha alimentação, reduzi o açúcar, reconquistei meu corpo e, mais importante, minha mente. Voltei ao meu peso ideal, estabilizei meus marcadores bioquímicos e recuperei minha energia, clareza mental e capacidade de tomar decisões rápidas.

Os efeitos não ficaram só na superfície, pois, quando você muda seus hábitos de forma consistente, muda também a sua epigenética* – que é o conjunto de mecanismos que regulam a maneira como seus genes se expressam. Ou seja, mesmo carregando a genética que herdou, você é capaz de ativar ou desativar potenciais biológicos com base no seu estilo de vida.

Hoje, vivo a consequência dessa decisão. Tenho energia verdadeira, cognitiva, física e emocional. Eu não dependo mais de picos de adrenalina. Eu construo, todo dia, a energia que sustenta minha vida e meus projetos.

---

* A epigenética é a ciência que estuda como fatores externos como alimentação, sono, estresse e exercício físico podem ligar ou desligar genes, impactando diretamente a saúde, a longevidade e a disposição diária.

Energia não é "milagre". Energia é decisão diária. Não adianta buscar energia só no que te empolga. Você precisa criar energia no que te sustenta. Sua saúde não é um departamento separado da sua vida. Ela é o motor que empurra tudo. A vida que você quer viver exige um corpo preparado para sustentá-la.

Se há um lugar onde a maioria das pessoas perdem o jogo da alta performance, é na maneira como começam o dia.

O início do dia revela muito mais sobre quem você é do que se imagina. Não é a defesa com poucos argumentos sobre ser uma pessoa matinal ou acordar cedo só para fazer parte do "clube das 5 da manhã". É entender que a energia que você quer carregar ao longo do dia precisa ser criada logo no início. Repito: energia não é "milagre". Energia é decisão. O seu corpo e a sua mente não vão entregar alto desempenho se você trata o seu começo de dia de qualquer jeito.

Por isso eu sempre digo: a sua primeira reunião do dia tem que ser com você. Antes de o mundo te chamar, antes de as mensagens chegarem, antes de as cobranças começarem, existe um momento precioso – e muitas vezes desperdiçado –, quando você pode construir disposição, clareza e força para viver o que precisa ser vivido.

Eu gosto muito da ideia de começar o dia antes de o dia começar. Esse é o meu segredo: menos barulho, mais silêncio, mais presença. Não é romantismo. É estratégia. O mundo já é barulhento demais depois que acorda. Quem começa o dia no silêncio leva vantagem.

O que vou te mostrar agora não é uma lista aleatória de boas ideias matinais. O que você vai ver é um protocolo, que é diferente da rotina livre. Protocolo é um método organizado, testado e que funciona. Quando você cria protocolos na sua vida, não depende mais de motivação. Você depende apenas de seguir o plano. Esse é o segredo das pessoas que constroem alta performance real: elas têm protocolos simples, inevitáveis, encaixados na vida.

NÃO ESPERE QUEBRAR PARA CONSERTAR.

A ENERGIA QUE VAI MUDAR O SEU MUNDO NÃO VEM DE UM MILAGRE. VEM DA SUA ROTINA.

Dada a explicação, veja agora o que eu faço, como faço e como você pode adaptar tudo para a sua realidade.

Protocolo da rotina energética

1. **Acordar no mesmo horário todos os dias.** O corpo ama consistência. Quem acorda a cada dia em um horário diferente nunca educa o próprio relógio biológico. E um corpo desregulado entrega baixa energia. Escolha um horário que respeite a sua realidade, mas defina-o como padrão. No começo vai ser desconfortável. Depois se torna parte de quem você é. A disciplina de acordar no mesmo horário organiza não só o seu corpo, mas também a sua mente. Dica: para acordar sempre no mesmo horário, durma sempre no mesmo horário.
2. **Levantar assim que o despertador tocar.** A "função soneca" é o primeiro autoengano do seu dia. Toda vez que você ativa a soneca, ensina ao seu cérebro que a sua palavra não vale. Acordou? Saia da cama. É simples assim. Ganha o dia quem ganha o primeiro minuto dele. Não negocie com a preguiça logo cedo. A regra aqui é levantar-se ao primeiro toque. Um dos momentos mais importantes do nosso dia é a diferença de tempo entre tocar o despertador e ficar de pé.
3. **Tomar água assim que acordar.** Durante a noite, seu corpo desidrata. Isso derruba sua energia e seu funcionamento. Deixe uma garrafa com água ao lado da sua cama e tome logo que acordar. Não falo de um golinho, mas de 200 a 500 ml de água logo cedo. É simples, barato e muito eficiente. "Ah, Joel. Já tentei e não consigo. Fico enjoado." Vá acostumando seu estômago com doses menores até

conseguir chegar ao nível de que precisa. Não negligencie isso, pois a hidratação matinal melhora a função cognitiva e o desempenho físico.

4. **Expor-se ao sol nos primeiros minutos do dia.** A luz natural, de preferência luz do sol, sinaliza para o seu corpo que o dia começou. Isso regula seus hormônios, especialmente o cortisol e a melatonina. Essa prática ajusta o ciclo circadiano e melhora sua disposição ao longo do dia. Vá até a janela, saia de casa, coloque os pés na grama (se for possível) e receba luz natural por pelo menos cinco minutos.
5. **Respirar profundamente por um minuto.** Muita gente acorda já no "modo ansiedade". O corpo corre antes da mente. Parar por um minuto e fazer uma respiração profunda, lenta e controlada, ajuda a regular o sistema nervoso. O simples hábito de controlar a respiração ativa o sistema parassimpático, responsável por trazer calma e foco. Não precisa de aplicativo, não precisa de música, não precisa de técnica complexa. Apenas respire fundo por um minuto.
6. **Tomar banho gelado.** Diversos estudos já mostraram que banhos frios melhoram a disposição, aumentam a circulação e reduzem a fadiga. O banho gelado não é só para acordar o corpo. Ele educa a mente. Quem vence a água fria vence os desafios do dia. Não precisa ser herói. Comece com trinta segundos e vá aumentando. Coloque isso na sua rotina. Banho gelado vai mudar seu dia.
7. **Falar uma palavra de afirmação enquanto se trocar.** As palavras que você ouve constroem quem você se torna. E ninguém te ouve mais do que você mesmo. Enquanto estiver se trocando, repita uma frase que te fortaleça. Pode ser algo simples, como "Hoje eu vou buscar o meu 'sim'".

"Hoje é dia de recorde." "Meu dia será absolutamente produtivo." Não espere o mundo te motivar. Fale com você e treine sua mente.

8. **Colocar uma música que te energize.** "O som gera energia." Uma música que te anima, que te eleva, que faz seu corpo se movimentar naturalmente, muda seu estado emocional. Use música como ferramenta estratégica, não como distração. Crie uma *playlist* energética só para as manhãs. Isso liga o "modo ação" dentro de você.
9. **Fazer exercício físico.** Movimento gera energia. Você não precisa treinar uma hora, só precisa mexer o corpo. Pode ser alongamento, flexão, mobilidade, corda, abdominal, caminhada. O corpo parado continua parado. O corpo em movimento entrega energia. O exercício da manhã não é uma questão de estética. O objetivo é ativar o seu corpo para viver o que precisa ser vivido.
10. **Caminhar cinco minutos ao ar livre.** Colocar o corpo para caminhar ao ar livre, sentindo o ambiente externo, respirando fundo, é promover um *reset* mental e físico. É uma transição poderosa entre a pessoa que acordou e a pessoa que vai para o mundo. Caminhar limpa os pensamentos, organiza as ideias e cria disposição natural. Se tiver sol, melhor ainda. Se tiver natureza, melhor ainda. Mas caminhe. Saia do mesmo lugar.
11. **Tomar café preto sem açúcar.** O café preto é uma das armas mais simples e eficientes para gerar energia mental nas primeiras horas do dia. Ele ativa o foco, acelera o metabolismo e melhora a performance. O segredo está em evitar o açúcar, que provoca picos e quedas de energia ao

longo do dia (e evitar o consumo excessivo da bebida). Mas a verdade é esta: café puro te deixa pronto para o jogo.

12. **Fazer jejum intermitente (se possível e com orientação).** Jejum não é obrigação, mas é uma das ferramentas mais poderosas de autocontrole. Quando usado com consciência e orientação, reduz a inflamação, melhora a clareza mental e entrega energia estável. Estudos mostram que o jejum permite que o corpo entre em modo de recuperação e eficiência. Caso faça sentido para sua rotina, experimente começar o dia se alimentando mais tarde ou cortando a última refeição do dia.
13. **Arrumar a cama.** Jordan Peterson manda lembranças! Gente disciplinada vence as pequenas coisas. Arrumar a cama é a primeira prova de que você consegue cuidar do seu ambiente antes de cuidar do mundo. É detalhe? É. Mas a disciplina começa no detalhe, e essa pequena tarefa faz uma grande diferença. Gente desorganizada por fora normalmente está desorganizada por dentro.
14. **Brincar com os filhos (para quem tem filho).** Antes de sair atropelando o dia, olhe para quem realmente importa. Brinque, converse, olhe no olho. Isso abastece um tipo de energia que nenhuma vitamina do mundo entrega: energia emocional. Mesmo que seja por cinco minutos, vale mais que horas depois que o dia já te engoliu.
15. **Organizar a roupa e o ambiente de trabalho na noite anterior.** Começar o dia gastando energia para decidir roupa ou procurando coisas rouba nosso tempo e nossa energia. Uma dica simples e prática é escolher a roupa no dia anterior. Eu uso mochila há décadas, ela fica pronta. Isso também serve para as mulheres que usam bolsas dia-

riamente. Deixe os objetos preparados. Ganhe tempo e preserve energia mental para as coisas maiores.

16. **Evite redes sociais antes de concluir sua rotina energética.** Pode ser desafiador, eu sei, mas começar o dia fazendo uma varredura nas redes sociais é uma péssima estratégia. O celular, logo cedo, é um portal para a falta de foco e performance. Não se distraia. Não abra esse portal antes de vencer a sua primeira batalha: cuidar de você. Quando terminar sua rotina energética, você acessa as redes sociais, combinado?
17. **Ler uma página ou uma frase inspiradora.** Coloque para dentro do seu cérebro o que você quer que ele te devolva ao longo do dia. Pode ser uma página de livro, uma frase, um versículo, uma reflexão. Quem alimenta a mente com coisa boa pensa melhor e vive melhor. Livros com reflexões diárias são excelentes para esse objetivo.
18. **Escrever o que quer sentir e entregar ao longo do dia.** Uma vez li uma frase que dizia para eu "pensar com o papel", porque a mente é ótima para ter ideias, mas péssima para guardá-la. Dali para a frente, passei a escrever com frequência, e isso me ajudou de forma clara e impactante. Pegue papel e caneta e escreva com simplicidade o que você quer para hoje. Escreva frases como "Hoje eu quero ter presença total nas minhas atividades" ou "Hoje eu vou entregar o resultado". Escrever é declarar. Declarar é comprometer-se.
19. **Alongar-se antes de sair de casa.** Mobilidade não é preciosismo, é saúde. Alongue braços, costas, pernas e pescoço. Destrave o corpo. Alongar é um recado para o seu corpo

de que ele está vivo, ativo e preparado para se mover melhor durante o dia.

20. **Sair de casa com o corpo ativo e a mente limpa.** Você termina este protocolo em pé, pronto, presente, ligado. Corpo desperto. Mente alinhada. Olhar firme. Saia de casa com a sensação de que você já venceu a parte mais importante do dia: você mesmo.

Para reflexão

1. Como você tem tratado as primeiras horas do seu dia?
2. O que você faz que rouba a sua energia logo cedo?
3. Quais desses micro-hábitos você já pratica?
4. Qual deles você precisa começar amanhã?
5. Qual é o primeiro compromisso do seu dia: com o mundo ou com você?

Exercício prático

Escreva seu próprio protocolo da rotina energética.

- Liste os micro-hábitos que você vai praticar amanhã.
- Organize na ordem que funciona para você.
- Cole ou deixe visível onde você acorda.
- Grave que todo dia perfeito se inicia com um começo intencional.

A energia que você quer não aparece por sorte. Ela aparece por construção. E construção diária.

2. Rotina produtiva: produzir não é só agitar

"Não há nada tão inútil quanto fazer com excelência aquilo que nem deveria ser feito." – **Peter Drucker**

Durante muito tempo, achei que ser produtivo era ter uma mente em constante movimento. Pensar em muitas coisas, ter ideias o tempo todo, ser bombardeado de inspirações em qualquer lugar, a qualquer hora. No banho, na academia, no cinema, no meio de uma conversa simples. Minha mente parecia uma máquina que nunca desligava. De certo modo, isso me deu vantagens – afinal, criatividade é um ativo.

Só que eu demorei a perceber que agitação mental não é o mesmo que produtividade real. Pensar muito não significa construir muito. Ter muitas ideias não significa gerar muitos resultados.

Essa confusão me acompanhou durante anos. Eu acreditava que a correria da cabeça era sinal de progresso. Na prática, meu tempo se diluía em tarefas que não moviam a vida para a frente. Eu ficava cansado, me sentia ocupado, mas lá no fundo eu sabia que não estava entregando o que podia. Era como remar com força, mas sem rumo. Eu tinha energia, eu tinha intenção, mas não tinha direção.

Só com muita consciência – e muita frustração também – eu fui entender que toda oportunidade é uma oportunidade, mas nem toda oportunidade é para mim. Que todas as tarefas têm importância, mas não têm a mesma importância. Entendi que trabalhar duro é nobre, mas trabalhar certo é transformador. E entendi, principalmente, que produtividade não é uma questão de esforço: é uma questão de resultado.

Essa virada começou quando eu trouxe para minha vida a prática intencional de rotina produtiva. Quando comecei a estudar os princípios de produtividade real, me apoiando em princípios como o de Pareto (20% das ações geram 80% dos resultados). Quando entendi que prazos curtos, com foco absoluto, me faziam produzir melhor do que semanas intermináveis de enrolação. Quando comecei a criar um ambiente físico que respeitava o meu foco – desligando notificações, limpando a mesa, preparando o cérebro para construir, e não apenas consumir.

No começo foi difícil. Muito difícil. Porque minha mente queria o caos. Queria abrir dez abas, pular de um assunto para o outro, fazer de tudo e, no fim, não fazer nada com excelência.

Mas a disciplina da rotina produtiva foi domando essa energia dispersa. Hoje eu olho para o *JJ Podcast*, por exemplo – que é o podcast de negócios mais ouvido do Brasil –, e vejo o quanto essa habilidade mudou meu jogo. Eu continuo sendo um receptor de ideias, de insights, de provocações. Só que agora sei filtrar, organizar e escolher. Em resumo, agir sobre o que realmente importa.

Cada insight que recebo não se torna mais uma âncora me puxando para todos os lados, mas sim uma semente plantada no terreno certo. Cada oportunidade que aparece não se torna mais uma urgência emocional, mas sim uma escolha consciente, baseada no que faz sentido para minha missão. E cada ideia boa não rouba meu foco. Ela se encaixa na estratégia.

Produtividade não é quantidade, é qualidade. Não tem a ver com quantas coisas você faz num dia. Tem a ver com quais coisas você faz – e o quanto elas te aproximam da vida que você quer construir.

Trabalhar duro é o mínimo; trabalhar certo é o que muda o jogo. Não adianta navegar cedo e remar sem mapa.

Sabe qual é a grande confusão que eu vejo as pessoas fazerem quando o assunto é produtividade? Pensar que produtividade é sinônimo de fazer muita coisa. Estar ocupado o tempo todo. Ter a agenda lotada. Responder WhatsApp sem parar. Correr o dia inteiro sem respirar.

Só que trabalhar muito e produzir muito são coisas completamente diferentes. Uma tem a ver com esforço; a outra, com resultado.

O QUE MUDA A VIDA NÃO É AGITAR.

É AGIR COM DIREÇÃO.

Na vida real, quem vence não é quem mais trabalha. Quem vence é quem mais entrega.

A rotina produtiva existe para colocar ordem nisso. Não se trata de estar ocupado, mas sim de ser eficiente. Produtividade não é medir quantas horas você passa trabalhando; é medir o impacto do seu trabalho. A maioria das pessoas trabalha muito e resolve pouco. Elas enchem o dia de tarefas, mas produzem quase nada que realmente mova a vida delas para a frente. Trabalhar sem gerar resultado é como remar sem sair do lugar.

O que eu quero que você entenda aqui é que o seu esforço é importante, mas o resultado é determinante. Esforço todo mundo pode exercer. Resultado, nem todo mundo entrega. O problema vem da falta de consciência sobre o que realmente gera resultado. O mundo hoje está cheio de distrações disfarçadas de trabalho. Está cheio de reuniões que não levam a nada, mensagens que não mudam coisa alguma, tarefas que não impactam ninguém. Você precisa aprender a diferenciar o que faz o seu dia crescer do que só ocupa espaço em sua agenda.

A seguir você encontra uma série de micro-hábitos que vão te colocar no "modo execução" em termos de rotina produtiva. Mantendo a ideia central deste livro, seguimos com práticas simples, porém eficazes, que ajudam a produzir mais em menos tempo.

Lembre-se: não é para ser bonito, é para ser eficiente.

Protocolo da rotina produtiva

1. **Planejar a semana no domingo.** O planejamento da semana não começa na segunda-feira de manhã, mas no domingo à noite. Usando a analogia na natação, é você olhando de cima antes de mergulhar. Reserve quinze minutos, revise compromissos e tarefas-chave e defina o que

você quer realizar. Quem começa a semana no improviso já começa perdendo.

2. **Escrever as três prioridades do dia.** Não deixe isso na cabeça. Escreva! Coloque no papel ou no bloco de notas do celular. A clareza do que é prioridade protege você da armadilha de só apagar incêndios.
3. **Fazer a tarefa mais difícil primeiro.** Comece o dia com a tarefa que você costuma empurrar. É ela que destrava a sua mente, a sua confiança e o seu resultado. Quem vence o que é difícil logo cedo trabalha mais leve o resto do dia.
4. **Escrever sua *TO DO LIST* com consciência.** Uma lista bem-feita evita sobrecarga e reduz o estresse. Separe o que é urgente do que é importante. Cuidado para não colocar dezoito tarefas irrelevantes e sair dizendo que está "ocupado". Ocupado não é produtivo. Produtivo é quem resolve o que move o ponteiro.
5. **Trabalhar em blocos de cinquenta minutos.** Use blocos de tempo com foco total. Cinquenta minutos de concentração valem mais que quatro horas fragmentadas. Cronometre. Desligue notificações. Mantenha o foco e a potência.
6. **Fazer pausas de cinco minutos sem tela.** Pare por cinco minutos. Levante-se. Respire. Alongue-se. Sem celular. Pausa não é distração. Pausa é recuperação. Isso mantém a sua mente afiada.
7. **Retirar as notificações de redes sociais e WhatsApp.** Cada notificação é um convite à distração. Silencie. Desative. O que for importante vai chegar. O que for urgente será feito por ligação. O resto, você vê no seu tempo. Domine o seu celular, ou ele dominará você.

8. **Automatizar o que pode ser automatizado.** Todo trabalho que se repete pode se tornar sistema. Automatize e-mails, respostas, *follow-ups*, planilhas. Pare de perder tempo com tarefas que podem rodar sozinhas. Quem automatiza ganha tempo para pensar e decidir melhor.
9. **Criar assistentes virtuais com inteligência artificial.** Use o ChatGPT, ferramentas de IA ou bots como suporte prático. Você pode delegar resumos, ideias, rascunhos, pesquisas. Isso libera sua mente para pensar no que realmente importa: decisão, estratégia, impacto.
10. **Escutar podcast ou audiolivro em momentos de transição.** Use seus deslocamentos e treinos como momentos de aprendizado. Escute um podcast, um audiolivro, uma aula. Seu cérebro continua ativo mesmo quando seu corpo está ocupado com algo automático.
11. **Mandar uma mensagem para um prospecto por dia.** Prospectar não é sorte, é rotina. Todos os dias, mande uma mensagem para alguém que pode se tornar cliente. Uma mensagem específica, um "oi", um convite, um *follow-up*. Quem planta todo dia colhe todo mês.
12. **Mandar uma mensagem para um cliente por dia.** Cliente bom é cliente nutrido. Relacionamento é construção. Uma mensagem que gera valor, uma lembrança, um "Parabéns", um material extra. Quem cuida do cliente depois da venda cria cliente para o resto da vida.
13. **Fazer pelo menos uma venda por dia.** Venda é treino diário. Mesmo que seja uma venda pequena. Mesmo que seja uma renovação. O hábito de vender mantém você ativo, relevante e preparado. Quem passa um dia inteiro sem gerar

dinheiro corre o risco de entrar no "modo funcionário" dentro do próprio negócio.

14. **Delegar o que pode ser delegado.** Seu tempo é o recurso mais caro que existe. Tudo que alguém pode fazer melhor, mais rápido ou por menos custo que você, delegue. Líder bom faz o que só ele pode fazer.
15. **Encerrar o dia organizando o próximo.** O melhor dia de amanhã começa hoje à noite. Antes de encerrar o dia, escreva o que precisa ser feito amanhã. Liste pendências. Visualize o que é prioridade. Quem fecha bem o dia atual abre bem o dia seguinte.
16. **Fazer reuniões curtas e com pauta clara.** Reunião boa tem começo, meio e fim. Reunião boa resolve. Se não tem pauta, não tem reunião. Se não tem decisão, não tem por que durar uma hora. Gente produtiva detesta reunião enrolada.
17. **Ter horários fixos para checar e-mails e mensagens.** Responder mensagem o dia inteiro te transforma em bombeiro, não em líder. Separe horários para olhar e-mails, WhatsApp, redes sociais. Fora disso, foco total no que dá resultado.
18. **Eliminar tarefas que não geram impacto.** Revisite sua lista semanal. Pergunte: "Isso aqui precisa mesmo ser feito?". Se a resposta for "não", delete. Fazer muita coisa irrelevante é trabalhar duro para não sair do lugar.
19. **Revisar resultados toda semana.** Produtividade sem revisão se torna rotina burra. No fim de semana, analise: o que deu resultado? O que não deu? O que pode melhorar? Ajustar é obrigação de quem quer crescer.
20. **Ter uma rotina de recuperação ao final do expediente.** Desligar é parte do trabalho. Quem trabalha demais sem

parar piora a entrega. Crie um ritual de encerramento: desligar o computador, sair do ambiente de trabalho, mudar a roupa. Trabalhar certo é também saber parar certo.

Para reflexão

1. Você trabalha muito ou você produz muito?
2. Quais tarefas ocupam o seu dia, mas não geram resultado?
3. Quais desses micro-hábitos já fazem parte da sua rotina?
4. Qual deles você precisa implementar amanhã?
5. Como você mede sua produtividade hoje? Por esforço ou por impacto?

Exercício prático

- Crie o seu próprio protocolo da rotina produtiva.
- Liste os micro-hábitos que você vai praticar amanhã.
- Organize na ordem que faz sentido para sua vida.
- Diferencie o que é tarefa operacional do que é atividade geradora de resultado.
- Deixe seu protocolo visível no seu local de trabalho.

Lembre-se: o mundo premia quem entrega resultado, não quem vive ocupado. Alta performance não é fazer tudo. É fazer o que realmente importa.

3. Rotina de aprendizado: aprender é mudar

*"Uma mente que se abre a uma nova ideia jamais volta ao seu tamanho original." – **Albert Einstein***

Sempre fui apaixonado por aprender. Sempre tive um livro comigo, independentemente do lugar. Era livro na mochila, no carro, espalhado pela casa, no escritório. Quem convive comigo percebe: sou um cara que anda de mochila, e ela sempre carrega alguma história, teoria, pergunta que ainda não foi respondida. Nunca encarei o aprendizado como obrigação, mas como privilégio. Palestras, seminários, cursos, mentorias, documentários... consumo qualquer coisa que possa expandir minha visão e melhorar a minha prática.

Isso é bom? Claro que é! Mas em todo bom hábito há um perigo escondido. Chegou um momento em que me dei conta de que não bastava mais saber. A sede por conhecimento estava me levando a uma armadilha silenciosa: a "obesidade cerebral". Eu sabia muito, mas aplicava menos do que poderia. Era como carregar uma mala cheia de ferramentas sem nunca construir a casa. E o mais perigoso: quanto mais eu estudava, mais eu via o tamanho do que eu ainda não sabia. O conhecimento, que deveria ser ponte, começou a se tornar peso.

Foi aí que entendi algo que mudou minha forma de aprender para sempre. Aprendizado real não tem a ver com quanto você estuda. Tem a ver com quanto você transforma. Não adianta fazer cinquenta cursos se você não mudar seu comportamento. Nem ler cem livros, se a sua vida continuar exatamente igual. Aprender sem aplicar gera insegurança, medo, paralisia. Quem só estuda, mas não testa, não valida, não corrige, não vive... não aprende. No máximo, decora.

Por isso, adotei a regra do 10-20-70: 10% do meu tempo passo absorvendo conhecimento: lendo, ouvindo, estudando; 20% são dedicados a debates, recebimento de feedback e conversas estratégicas; por fim, 70% são gastos na prática, testando, errando, acertando, construindo, vivendo o que eu aprendi.

Essa divisão mudou a minha maneira de evoluir. Deixou de ser uma corrida por informação e se tornou uma jornada de transformação.

Hoje, vejo isso com muita clareza: o verdadeiro indicador de aprendizado é a mudança. Se você estudou, mas não mudou nada, você só acumulou informação. Se você aprendeu e aquilo se tornou ação, comportamento, conquista, resultado, então aprendeu de verdade.

Não estude apenas para parecer mais inteligente. Aprenda para se tornar mais capaz. Não busque mais livros para se sentir mais preparado. Busque mais prática para se sentir mais transformado.

Uma das piores coisas que podem acontecer a um adulto é parar de aprender. Parar de crescer. Parar de evoluir. E o que é mais perigoso? Achar que já sabe o suficiente.

O protocolo do aprendizado existe para quebrar isso. É um lembrete diário de que, se você não crescer por dentro, seu mundo não crescerá por fora. Quem quer viver uma vida extraordinária precisa desenvolver a disciplina de aprendizado todos os dias – mesmo que seja pouco, mesmo que seja em meio à correria, mesmo que seja num áudio no carro.

Aprender não é só fazer cursos, é se expor a ideias novas. É sair da bolha. É entrar em conversas que te exijam. É ler um livro e anotar o que faz sentido. É ouvir um podcast e extrair um insight real. É escrever para organizar o que se pensa. É tomar um conselho como se fosse ouro. O aprendizado está em todo lugar – mas só encontra quem está consciente. Quem busca. Quem anota. Quem aplica. Porque quem aprende muda. Quem não aprende repete.

Aqui, você vai entender que existem aprendizados em três dimensões: técnica, comportamental e emocional. Você pode aprender a usar uma nova ferramenta, a liderar melhor pessoas, a lidar com críticas, a responder de forma mais inteligente, a tomar decisões com mais clareza. Você pode aprender qualquer coisa, mas só aprende se tiver uma rotina para isso. Aprendizado não acontece por acaso, também exige intenção.

Protocolo da rotina de aprendizado

1. **Escolher um tema por semana para focar.** A mente dispersa não aprende. Toda semana, defina um assunto ou uma habilidade em que você quer evoluir: pode ser negociação, marketing, autocontrole, comunicação etc. Essa decisão semanal dá foco ao seu aprendizado. Direciona o radar do seu cérebro para filtrar o que importa.
2. **Ler (pelo menos) cinco páginas de um livro todos os dias.** Pouca leitura todo dia vale mais que ler muito uma vez por mês. Cinco páginas por dia se tornam mais de dez livros por ano. Ler pouco e sempre forma mentalidade, vocabulário, perspectiva. Escolha livros que falam sobre aonde você quer chegar, não onde você está.
3. **Ouvir um podcast enquanto se desloca.** Use o "tempo morto" como "tempo vivo". No carro, no trânsito, no transporte público ou na esteira, troque o ruído por conteúdo. Encha a sua mente de ideias interessantes. Quem ouve certo pensa melhor.
4. **Anotar todo insight que tiver.** Ideia boa que não é anotada morre em segundos. Tenha um caderno, bloco ou app só para os insights. Toda vez que algo fizer sentido, anote. Isso se torna material de consulta e traz clareza.

5. **Escrever um resumo do que aprender no dia.** No fim do dia, escreva três ou quatro linhas sobre o que você aprender. Resuma uma conversa, uma leitura, um erro. Escrever ajuda a fixar ideias. Quem escreve o que aprende, aprende duas vezes.
6. **Fazer boas perguntas em reuniões.** Não vá para reuniões só para ouvir. Vá com perguntas na ponta da língua. Perguntar bem ativa o pensamento, organiza o raciocínio e posiciona você como alguém que quer evoluir. Quem não pergunta não cresce.
7. **Ensinar algo novo para alguém.** Se você quer realmente entender algo, ensine. Pode ser para sua equipe, seu filho, seu parceiro, sua audiência no Instagram. Ensinar é o último nível do aprendizado e te obriga a simplificar o que antes parecia complexo.
8. **Compartilhar aprendizados nas redes.** Poste, fale, grave, escreva. Compartilhar ativa dois gatilhos: o da organização mental e o do posicionamento. Gente que compartilha o que aprende lidera. E gente que lidera aprende mais.
9. **Revisar anotações antigas toda semana.** Separe um dia para olhar o que você já anotou. A gente esquece rápido. Revisar renova ideias, reacende ações e resgata aprendizados que estavam enterrados. Saber é lembrar do que já se aprendeu.
10. **Ter um caderno só de aprendizados.** Pode ser digital ou físico. Um caderno só para guardar o que você aprende. Um lugar para organizar conhecimento. Quando você trata o aprendizado como patrimônio, ele começa a trabalhar por você.

11. **Estar sempre em algum curso, mentoria ou formação.** Gente que cresce nunca sai da posição de aluno. Sempre tenha algo que te obrigue a aprender formalmente: um curso, uma mentoria, uma formação. Investir em aprendizado é investir na sua versão futura.
12. **Participar de uma mesa estratégica por semana.** Provoque ambientes que te estimulem positivamente. Almoços, cafés, reuniões ou mentorias, ambientes onde o nível da conversa te obriga a crescer. Quem se senta com gente melhor se torna maior.
13. **Trocar uma ideia com alguém mais experiente.** Toda semana, busque alguém que saiba mais do que você para trocar uma ideia. Pode ser por mensagens, ligação ou café. Ouvir quem já viveu o que você quer viver te poupa de anos de tentativas e erros.
14. **Consumir conteúdo internacional ou fora da sua bolha.** Amplie a visão. Leia algo de fora do Brasil. Escute gente que atua em outro mercado. Procure fontes diferentes. Quem só consome conteúdo local pensa pequeno sem perceber.
15. **Praticar o que está aprendendo em tempo real.** Aprender não é decorar. É aplicar. Leu algo sobre comunicação? Já pratique em uma conversa. Aprendeu sobre vendas? Já teste numa reunião. Saber sem fazer é quase não saber.
16. **Receber feedback com maturidade.** Feedback não é ataque. É presente. Peça e aceite devolutivas sobre o seu comportamento, o seu trabalho ou a sua comunicação. Quem aprende com os olhos dos outros cresce mais rápido.

17. **Investir quinze minutos diários para aprender algo novo.** Não precisa de duas horas. Quinze minutos intencionais fazem muita diferença. Pode ser leitura, vídeo, prática, reflexão. Mas precisa ser todos os dias. Quem aprende pouco aprende sempre.
18. **Ter um mentor (direto ou indireto).** Mentor direto é quem te conhece, e mentor indireto é quem te inspira de longe. Pode ser autor, empresário, líder. Escolha alguém para você aprender a trilhar seu caminho com a experiência dele.
19. **Ouvir feedback do próprio dia.** Revisar o próprio comportamento. Perguntar-se: "O que eu poderia ter feito melhor hoje?". Todo dia te dá aula. Quem aprende com o dia a dia vive sempre em modo evolução.
20. **Criar um ambiente que te force a aprender.** Deixe os livros por perto. Mantenha podcasts salvos. Crie pastas de anotações. Siga perfis que entregam conteúdo interessante. O ambiente certo te empurra para crescer, mesmo quando você não está 100% motivado.

Para reflexão

1. Quanto tempo do seu dia é realmente dedicado a aprender?
2. O que você aprendeu ontem que te fez melhor hoje?
3. Qual habilidade você está desenvolvendo agora?
4. Com quem você está aprendendo de verdade?
5. Qual micro-hábito você vai colocar na sua rotina a partir de amanhã?

Exercício prático

- Liste os micro-hábitos que você vai colocar no seu dia.
- Crie um ritual simples de aprendizado para manhã, tarde ou noite.
- Defina um tema ou uma habilidade por semana para focar.
- Tenha um local ou uma ferramenta para anotar tudo que você aprende.
- Compartilhe com alguém um aprendizado do dia.

4. Rotina de conexão: o que realmente sustenta

"A tecnologia vai reinventar o negócio, mas as relações humanas continuarão a ser a chave para o sucesso." – ***Stephen Covey***

Durante muito tempo, a rotina de conexão não teve espaço em minha vida. Não porque eu não gostasse de me conectar, de viver momentos leves, de estar com quem importava. Mas porque eu acreditava que essas coisas podiam esperar. Que o trabalho, o sucesso, os objetivos vinham primeiro. O resto a gente resolvia depois. Sim, confesso: já fui como a Fernanda Distante. Foi pensando como ela que deixei para lá os momentos simples que me faziam bem: pegar o violão, sair para caminhar com meu cachorro, ligar para os amigos sem nenhum motivo especial. Parecia perda de tempo. Parecia luxo.

Só que, toda vez que eu me permitia escapar um pouco dessa lógica – quando tocava uma música, quando dava risada boba assistindo a uma série de comédia, quando saía para encontrar quem me fazia bem –, algo dentro de mim realinhava. Eu percebia que não era perda de tempo, era abastecimento, reconexão com quem eu sou e com aquilo que me sustenta.

Hoje, vejo que sucesso de verdade não é só resultado. É também alegria. As pessoas mais inteligentes, aquelas que resistem, que constroem algo grande e duradouro, não são as que sacrificam tudo pela carreira. São as que trabalham duro, mas se permitem viver leve. São as que entendem que trabalhar e se divertir não são opostos – são aliados.

A vida é longa. Os projetos são desafiadores. O processo, muitas vezes, é mais duro do que parece. Sem a leveza da conexão, sem os pequenos momentos de vida real, sem o riso, a música e a presença, a caminhada fica pesada demais. É a conexão com o que importa que traz resiliência para atravessar o que é difícil. É ela que dá fôlego para seguir quando o cansaço bate e que protege a alma enquanto a mente e o corpo estão na batalha.

Hoje, tocar violão não é luxo. Encontrar amigos não é perda de tempo. Desligar o celular para viver o momento se tornou parte do meu sistema de alta performance. A diversão consciente, a conexão intencional, o momento de presença real – tudo isso não é pausa no caminho. É parte essencial dele.

Quem se conecta todo dia resiste melhor todo mês e vence todo ano. Você não precisa escolher entre trabalhar duro ou viver suave. Basta decidir viver inteiro – em tudo que realmente importa.

"As melhores coisas da vida não são coisas." Você já parou para pensar que, muitas vezes, as coisas que mais fazem falta na nossa vida não são as grandes conquistas, os números da conta bancária ou os marcos profissionais? O que mais faz falta – e o que mais preenche de verdade – são os momentos simples com as pessoas que a gente ama. É o café com um amigo. É o jantar sem celular. É um abraço apertado. É uma risada boba. A rotina de conexão existe para te lembrar disto: o que sustenta a sua vida não é apenas o que você faz, é com quem você vive.

Alta performance não é só trabalhar muito. Alta performance é viver bem. Não adianta construir uma carreira de sucesso e perder o casamento no caminho. Não adianta ter dinheiro na conta e não ter com quem dividir. Não adianta ter reconhecimento profissional e ser um estranho dentro da própria casa. A rotina de conexão é o espaço que você cria todos os dias para se lembrar das pessoas e das coisas que realmente importam.

Aqui você vai ver que conexão não tem a ver com fazer grandes eventos. Nem com viagens caras ou surpresas elaboradas. Conexão de verdade mora no detalhe. Está na ligação rápida. Está na mensagem inesperada. Está no café tomado junto. Está no olho no olho.

NÃO GUARDE A VIDA PARA DEPOIS.

A CONEXÃO DIÁRIA É O QUE FORTALECE A SUA CAPACIDADE DE ATRAVESSAR A JORNADA.

Quem cria o hábito de se conectar cria bem-estar de verdade. E o bem-estar não necessariamente se compra com dinheiro, mas se conquista com escolhas.

O próximo protocolo não deve ser encarado como uma obrigação chata na sua lista. Ele serve para te lembrar de ser gente, antes de ser máquina. Porque, no fim das contas, o que segura firme a gente nos dias bons e ruins não é a produtividade. É a conexão. É gente perto da gente. É a vida vivida com presença.

Bora cuidar disso todo dia!

Protocolo da rotina de conexão

1. **Mandar uma mensagem para alguém que ama.** Quem some demais desaparece da vida. Crie o hábito de enviar mensagens simples, como: "Pensei em você", "Te amo", "Vi isso e lembrei de você". Presença é construída em detalhes.
2. **Ligar para alguém importante.** Ligar é mais forte que mandar mensagem. Ligue para pessoas que fazem parte da sua história. Pode ser uma ligação rápida, de dois minutos. Pode ser para dar risada ou ouvir.
3. **Fazer uma pergunta sincera para alguém próximo.** Perguntar "Como você tá de verdade?" ou "O que você tem aprendido na vida?" é abrir espaço para uma conversa real. Pergunta boa aproxima. Pergunta boa escuta mais do que fala.
4. **Ouvir alguém sem interromper.** Gente ansiosa responde antes de ouvir. Gente conectada escuta até o final. Quem ouve com atenção constrói confiança. Ouça não apenas

com o ouvido, mas também com o corpo. Mantenha o olho no olho e a mente aberta.

5. **Almoçar ou jantar sem celular.** Mesa não é lugar para *scroll* infinito. Mantenha o celular longe na hora das refeições. Respire. Mastigue com calma. Aprecie o gosto dos alimentos. E acima de tudo, aproveite o momento de comunhão com quem você ama.
6. **Dar um abraço longo por dia.** Um abraço verdadeiro tem peso, tem tempo, tem entrega. Não é um simples tapinha nas costas. Quando for abraçar, faça-o com intensidade. Segure, fique ali, presente. O abraço não só conecta o corpo, como também acalma a alma. É uma troca de energia, e essa energia tem o poder de transformar o momento.
7. **Escrever um bilhete ou uma carta-surpresa.** Nada se compara ao poder de um bilhete escrito à mão. Pode ser uma frase simples, um elogio ou até um "eu te vejo". Coloque palavras no papel e deixe-as em um lugar inesperado. Um gesto pequeno que carrega um grande impacto emocional, algo que vai além de um simples like nas redes sociais.
8. **Participar de um momento em família.** Estar em casa não significa estar presente. Participe ativamente. Seja no café da manhã, em um jogo de tabuleiro ou até assistindo a um filme. O que importa não é só estar junto, mas se entregar ao momento. Quem participa da vida dos outros constrói memórias de presença que duram uma vida inteira.
9. **Convidar alguém para um café real.** Um café presencial vale mais do que mil mensagens. Convide alguém para sentar-se, conversar, rir e até chorar. O café gera uma conexão

prática. Quando você compartilha tempo com alguém ao vivo, está criando uma memória, um vínculo verdadeiro.

10. **Registrar fotos reais do dia.** Tire fotos não apenas do que atrai likes, mas também dos momentos simples. Os bastidores da vida, aqueles momentos que realmente importam. A verdadeira memória afetiva é construída naquilo que parece pequeno, mas é enorme quando revisitado mais tarde. Capture o real, não apenas o perfeito.
11. **Ouvir uma música que te emociona ou te anima.** A música certa pode **transformar seu estado interno** em minutos. Se for nostalgia, ela te transporta no tempo. Se for empolgação, ela te dá energia. Conectar-se com a música é alimentar a alma, é dar espaço para emoções que, muitas vezes, ficam abafadas pela correria cotidiana.
12. **Tocar um instrumento ou cantar algo de que gosta.** Não importa se você não toca bem ou se desafina. O simples ato de tocar ou cantar te conecta com uma parte sua que, muitas vezes, o trabalho e a rotina engolem. Quando você coloca a música para fora, você está se libertando.
13. **Ir a teatros, cinemas ou shows com frequência.** Esses momentos são mais do que apenas entretenimento; eles criam memórias, temas de conversa e, acima de tudo, rituais. Eles nos tiram do "modo automático" e nos reconectam com o presente. A arte, de qualquer forma, te leva a um lugar de **verdadeira transformação emocional.**
14. **Fazer uma caminhada com alguém só para conversar.** Caminhar sem pressa, lado a lado com alguém, é um dos hábitos mais simples e poderosos de conexão. O ato de caminhar juntos, sem pressa e sem objetivos, abre espaço

para conversas sinceras, para **trocas** que vão muito além das palavras. A caminhada é uma terapia disfarçada de exercício.

15. **Enviar uma mensagem de voz sincera.** Grave um áudio expressando o que sente – seja agradecendo, pedindo desculpas ou simplesmente dizendo "lembrei de você". A voz conecta de maneira mais pessoal e única do que qualquer mensagem de texto. Um áudio sincero tem mais impacto do que qualquer texto bonitinho.
16. **Cozinhar algo simples para alguém que você ama.** Não precisa ser um prato sofisticado. O importante é o gesto de cuidar e compartilhar. Cozinhar para alguém é uma forma de carinho. O ato de servir, de oferecer o que você preparou com suas próprias mãos, cria vínculos profundos e memoráveis. Quem cozinha com intenção alimenta não só o corpo, mas também a relação.
17. **Criar rituais com quem mora com você.** Seja um café matinal, assistir a uma série juntos ou até mesmo uma oração antes de dormir, os **rituais diários** criam âncoras emocionais. São esses momentos repetidos com significado que constroem **laços profundos** e duradouros. São os pequenos rituais que transformam a convivência em algo especial e significativo.
18. **Olhar nos olhos por dez segundos.** Pode parecer simples, mas, no mundo das telas e distrações, olhar nos olhos de alguém é raro. Quando olha nos olhos, você sente a presença do outro. Esse pequeno gesto tem um poder imenso, pois revela o que palavras não dizem. Olhar fundo nos olhos é um ato de presença e autenticidade.
19. **Ficar off-line por uma hora com quem você ama.** Desconectar para se reconectar. Por uma hora, desligue as

notificações e pare de se preocupar com as distrações digitais. É você com quem você ama, sem interrupções. Pode ser no sofá, no carro ou até em um parque. O importante é estar totalmente presente, sem distrações, sem telas. Esse tempo juntos é o que de fato importa.

20. **Fazer algo físico junto: dançar, treinar, andar de bicicleta.** Quando você se movimenta com outra pessoa, o vínculo imediato é criado. O movimento físico libera hormônios do bem-estar e aproxima ainda mais as pessoas. Não importa se é uma dança improvisada, um treino intenso ou uma pedalada tranquila. Mexer o corpo juntos é uma forma de criar memórias e emoções compartilhadas sem palavras.

Para reflexão

1. Com quem você precisa se reconectar hoje?
2. O que te faz sentir presença, mas você tem deixado de lado?
3. Quais dessas conexões são urgentes na sua vida?
4. Você tem vivido a vida com quem realmente importa?
5. Qual foi a última vez que alguém se sentiu visto por você?

Exercício prático

- Crie seu protocolo pessoal de conexão.
- Liste os micro-hábitos que você vai colocar na sua vida ainda nesta semana.
- Escolha uma pessoa por dia para se reconectar de verdade.
- Desligue o celular por trinta minutos e esteja 100% com alguém.
- Marque uma conversa, uma saída, uma presença.

5. Rotina de reflexão: quando a vida se alinha

"Uma vida sem reflexão não vale a pena ser vivida." – ***Sócrates***

Imagine que você está em uma floresta densa, com árvores tão altas que o sol mal consegue passar entre elas. Você caminha, sem saber muito bem aonde vai, apenas seguindo um percurso tortuoso, cada vez mais cansado, sem enxergar o fim. Você sente o cansaço no corpo, mas continua, porque a única coisa que importa é não parar. Você acredita que, se continuar andando, em algum momento sairá da floresta e encontrará seu destino.

Porém, depois de horas de caminhada, algo acontece. Você começa a perceber que, por mais que ande, o caminho parece sempre o mesmo, e a saída parece distante demais. É quando, finalmente, você se dá conta de que, talvez, o problema não seja o esforço, mas a falta de direção. Você está indo, sim, mas sem uma bússola. A solução não é mais força, mas intenção.

Eu vivi assim por muito tempo, movido pela urgência do dia a dia, sem fazer pausas para pensar no que estava acontecendo. A rotina estava sendo definida por mim, mas, no fundo, era a rotina que me controlava. A vida parecia uma corrida sem fim. Eu sabia que precisava seguir em frente, mas estava apenas remando, sem uma bússola para me guiar. Até que, em algum momento, percebi que o maior erro era não parar para pensar. Era como estar no comando de um navio sem nem ao menos olhar para o mapa.

Foi aí que a rotina de reflexão entrou na minha vida. E não como uma mera opção, mas como uma necessidade silenciosa. Comecei a entender que, para avançar de forma eficaz, era preciso parar. Não para desistir, mas para reorganizar minhas ideias, absorver as lições que a jornada me oferecia e entender de verdade a direção que eu queria seguir. Comecei a fazer uma simples pergunta: "O que eu aprendi hoje?".

No começo, parecia inútil. A correria do mundo é imensa, e todos ao redor estavam sempre com pressa, sempre indo para algum lugar. Como poderia alguém parar para refletir quando o tempo era sempre escasso? No entanto, quanto mais eu incorporava esse hábito simples, mais começava a perceber algo poderoso: a prática diária de pensar sobre o que fiz de bom e o que posso melhorar me fez perceber que, muitas vezes, o sucesso estava ali, nas pequenas vitórias que passei por alto.

A reflexão, para mim, não era apenas aprender com os erros. Ela também me ajudava a ver que os fracassos eram sinais de aprendizado. Cada erro era uma oportunidade de melhorar. Não eram motivos para a culpa, mas para o crescimento. Com isso, comecei a perceber que a consciência e a reflexão eram as chaves para a evolução.

Agora, sei que não existe alta performance sem reflexão. De nada adianta uma execução intensa, sem o foco para revisar e ajustar o curso. A verdadeira força está não apenas em trabalhar duro, mas também em saber quando parar, quando refletir e quando ajustar a rota. A rotina de reflexão se tornou meu farol interno, minha bússola. Sem ela, ficamos à deriva, prontos para nos perder no meio da velocidade do sucesso e da produtividade. Não é a intensidade que nos leva ao sucesso duradouro, mas sim a capacidade de refletir, aprender e se ajustar constantemente.

Refletir não é fraqueza. É inteligência. Quem reflete corrige. Quem corrige cresce. E quem cresce de maneira consciente constrói algo sólido, algo duradouro.

Cada dia é uma oportunidade de moldar sua vida. E seus dias são moldados pelas escolhas que você faz. Para melhorar suas escolhas, você precisa parar e pensar sobre elas todos os dias. Não se trata de

REFLETIR É NÃO APENAS CORRIGIR ERROS, MAS TAMBÉM CELEBRAR ACERTOS.

perfeição, mas de consistência. E essa consistência em parar e refletir vai guiar sua jornada para um caminho de realização genuína.

Existe um lugar que nenhuma produtividade substitui, que nenhum dinheiro preenche, de que nenhum resultado dá conta: o lugar do encontro com você mesmo. A rotina de reflexão existe para te colocar nesse lugar. Porque viver no automático é fácil. O difícil é parar. O difícil é olhar para dentro. O difícil é encarar o que precisa ser ajustado. Mas quem não pausa para refletir, repete o que não funciona. Viver sem refletir é correr sem direção.

A rotina de reflexão não visa à perfeição nem à cobrança. O objetivo é a consciência. É o momento em que você faz o balanço do dia, da vida, das escolhas. É aqui que você conversa consigo. É aqui que você alinha os seus valores com as suas ações. É aqui que você se pergunta: "Estou vivendo do jeito que eu quero ser lembrado?". Gente que não reflete perde tempo corrigindo coisas que poderiam ser evitadas com cinco minutos de pausa.

A reflexão pode ter muitas formas. Pode ser escrevendo. Pode ser orando. Pode ser agradecendo. Pode ser perguntando para si: "O que eu acertei hoje? O que errei? O que posso fazer melhor amanhã?". Pode ser um tempo de silêncio. Pode ser lendo um versículo. Pode ser conversando com alguém que te ajude a pensar melhor. A reflexão é o seu espelho invisível. É onde você enxerga o que o dia a dia esconde.

O que importa não é o tempo dedicado, mas sim a intenção. Quem reserva um tempo para refletir vive mais alinhado, mais inteiro, mais em paz. Porque a maior sabedoria não está em saber muito, está em saber o que você precisa ajustar em si mesmo. A rotina de reflexão é o espaço onde você se encontra com sua missão, seu propósito, sua essência. E gente conectada consigo mesma vive melhor qualquer coisa lá fora.

Protocolo da rotina de reflexão

1. **Escrever em um diário por três minutos.** Escrever não é apenas registrar, é se liberar. Pegue papel e caneta e escreva tudo o que vier à mente. Não se preocupe com a perfeição da escrita, não pense no que os outros irão achar. O objetivo é limpar a mente, não impressionar. Quando você escreve, o caos se organiza e as ideias encontram seu lugar.
2. **Fazer silêncio total por dois minutos.** Silêncio é a mais poderosa das práticas esquecidas. Sem sons, sem telas, apenas você com você mesmo. Só no silêncio as respostas mais profundas podem surgir. Aquietar a mente é como resetar o sistema. O barulho do mundo tenta esconder as respostas, mas no silêncio elas aparecem.
3. **Escrever três coisas boas do seu dia.** Quem só olha para o problema se afunda nele. Escreva três coisas boas que aconteceram hoje, não importa o quão pequenas sejam. Ao focar as vitórias, mesmo que discretas, você reconfigura sua visão do mundo. A gratidão transforma o olhar.
4. **Fazer uma oração ou meditação.** Conecte-se com algo maior do que você, seja através da oração ou da meditação. Esse momento de conexão é vital. Ele ancora você no presente e te prepara para o futuro. O impacto dessa prática resulta em sono melhor e vida mais leve.
5. **Perguntar-se: "O que eu aprendi hoje?".** O aprendizado só ocorre quando você o busca ativamente. Pergunte a si mesmo todos os dias o que você aprendeu. Quem aprende rápido evolui rápido. Não deixe que um dia se passe sem absorver algo novo.

6. **Revisar o que poderia ter feito melhor.** Olhar para trás não é se culpar, é se preparar para o que vem. Liste o que poderia ter sido feito de outra forma. Com responsabilidade, sem autopiedade, ok? Aprender com os erros é a forma mais eficaz de evoluir.
7. **Fazer uma lista de gratidão.** A gratidão é um músculo que precisa ser exercitado. Escreva o que você tem, o que você viveu e quem está com você. Valorize o simples, o ordinário, o que já é parte da sua vida. Quanto mais você agradece, mais o que é bom se multiplica.
8. **Revisar metas semanalmente.** Ao final de cada semana, olhe suas metas com honestidade. O que você conquistou? O que travou? Revisar metas não é uma questão de cobrança, mas de ajuste. Quem revisa suas metas não se perde delas.
9. **Revisar a agenda e a rotina.** Sua rotina foi feita para te servir, não para te escravizar. Veja o que está funcionando e o que não está. O que pode ser retirado? O que está te atropelando? Faça ajustes contínuos para garantir que sua agenda te impulsione e não te sobrecarregue.
10. **Visualizar o futuro durante um minuto.** Feche os olhos e imagine a vida que você deseja viver. Visualize-se no futuro ideal. Essa visão te coloca no controle do presente. Quem consegue visualizar seu sucesso começa a caminhar mais firme na direção dele.
11. **Fazer uma pergunta forte por dia.** As melhores perguntas criam as melhores respostas. "O que estou evitando?", "Qual é a minha maior prioridade agora?", "O que eu preciso mudar em mim para alcançar o próximo

nível?". Perguntas poderosas guiam não apenas o seu dia, mas também a sua evolução.

12. **Avaliar o que te tirou do eixo no dia.** O que desestabilizou seu humor? O que te irritou? Saber identificar seus gatilhos te dá poder sobre eles. Reflexão também tem a ver com reações. Ao entender o que te tira do caminho, você se prepara para não cair mais nas mesmas armadilhas.
13. **Registrar a emoção dominante do dia.** Como você terminou o dia? Frustrado? Orgulhoso? Cansado? Registrar suas emoções te ajuda a identificar padrões que influenciam seu comportamento. Você vai começar a entender o que cada dia te ensina emocionalmente, criando maior controle sobre o que sente.
14. **Revisar uma conversa importante que teve.** Como você se comportou? Disse o que precisava? Ouviu com atenção? Uma conversa pode transformar relações. Ao refletir sobre como se comunica, você aprende a melhorar sua escuta e a entregar suas palavras com mais clareza e impacto.
15. **Escrever uma carta para si mesmo.** Uma vez por semana, escreva uma carta curta para você. Pode ser um conselho, uma motivação, um lembrete. O mais importante é que, ao ler essa carta no futuro, você verá o quanto cresceu. Esse é um momento de autodescoberta.
16. **Declarar o que você quer deixar de herança (sem ser dinheiro).** Como você quer que as pessoas se lembrem de você? Qual marca você quer deixar no mundo? Qual legado você vai construir? Pensar nisso agora alinha suas ações com o que realmente importa para você no longo prazo.
17. **Fazer uma pausa para agradecer em voz alta.** Feche os olhos e diga, em voz alta, tudo o que você tem a agra-

decer naquele dia. Agradecer em voz alta faz com que o cérebro registre as bênçãos com mais clareza. Gratidão dita é presença acionada.

18. **Criar uma frase do dia para te guiar amanhã.** Todo dia deve ter uma frase que te ancore. Algo simples, direto, como: "Amanhã eu escolho ser focado". Essa frase vai te guiar, te posicionar e te ajudar a manter o foco.
19. **Conversar com alguém que te ajude a pensar melhor.** Refletir não precisa ser uma jornada solitária. Converse com alguém que pense diferente de você, que te desafie. Duas mentes que trocam ideias, revisam conceitos e se questionam juntas evoluem mais rápido.
20. **Dormir com a consciência limpa.** Ao finalizar o dia, faça as pazes com o que aconteceu e com o que não aconteceu. Aceite os erros, celebre as conquistas e diga a si mesmo: "Hoje eu dei o meu melhor com o que eu tinha". E então, durma tranquilo. Porque amanhã você acordará mais forte, mais consciente.

Para reflexão

1. O que você precisa deixar de fazer para sentir que está vivo?
2. O que você tem feito por obrigação, mas não faz mais sentido?
3. Quando foi a última vez que você olhou para dentro, com verdade?
4. Qual mentira você vem contando para si mesmo?
5. Qual decisão importante você está adiando por medo de encarar?

Exercício prático

- Crie o seu protocolo da rotina de reflexão.
- Defina um horário fixo para esse encontro com você mesmo (podem ser cinco minutos).
- Escolha as perguntas que mais te movem e as responda diariamente.
- Mantenha um caderno ou bloco só para essa rotina.
- Compartilhe um insight por semana com alguém.

6. Rotina de recuperação: quando a força real se inicia

"Descanso não é ociosidade, e deitar-se às vezes na grama sob as árvores em um dia de verão, ouvindo o murmúrio da água ou observando as nuvens flutuando no céu, não é de forma alguma perda de tempo." – **John Lubbock**

Você já deve ter ouvido aquele famigerado ditado: "Trabalhe enquanto eles dormem, construa enquanto eles se divertem, lute enquanto eles descansam". É até um ditado bom, e eu mesmo já usei, mas na real? É perigoso. Motivador à primeira vista, uma fórmula para o sucesso, o caminho do guerreiro imbatível. Mas, acredite, esse tipo de mentalidade pode ser um atalho para o esgotamento. Ela diz que o trabalho incessante e a ausência de descanso são sinônimos de sucesso, quando, na verdade, a verdadeira chave para a alta performance é exatamente o oposto: **descanso estratégico.**

No ano em que escrevo este livro, o Brasil registra que cerca de 30% dos trabalhadores sofrem de *burnout*, uma doença ocupacional reconhecida pela Organização Mundial da Saúde (OMS). O país ocupa o segundo lugar no ranking mundial de casos, com a pandemia tendo agravado a situação.

A ideia de trabalhar sem parar até alcançar os resultados pode ser tentadora. É quase uma maratona sem fim, em que a dedicação é celebrada como se fosse a única coisa que importa. Mas aqui está o problema: se você não se dá tempo para recuperar, seu corpo e sua mente vão se desgastar e, em algum momento, você vai se perceber exausto, sem foco, sem energia; e, pior ainda, sem motivação.

A alta performance não é trabalhar até o limite. Não é atropelar seus próprios limites e sacrificar o descanso. Ao contrário, desempenho real vem da capacidade de **equilibrar esforço e recuperação**.

Na busca por ser um atleta de alto nível, eu treinava intensamente, mas não o tempo todo. Eu sabia que meu corpo precisava de recuperação para aumentar sua resistência e melhorar sua performance. O mesmo acontece na vida. O sucesso não vem apenas com o trabalho incessante, mas com o cuidado com o corpo e a mente e, sobretudo, com a capacidade de recuperar-se de forma eficiente.

A recuperação não é uma pausa na jornada, é parte essencial dela. Ela recarrega suas energias, organiza seus pensamentos e fortalece sua capacidade de continuar. E aqui entra o segredo: quando você dá ao seu corpo e à sua mente o tempo necessário para eles se regenerarem, você está construindo um fundamento mais forte, mais resistente, mais preparado para enfrentar desafios futuros.

Como muitas pessoas, você pode pensar: "Se eu parar, vou perder o ritmo. Se eu descansar agora, vou perder tempo". Isso é um mito. O descanso não é um desperdício de tempo; é um investimento em energia renovada e clareza mental.

E a chave é entender que o descanso não é algo que deve ser adiado ou negligenciado. Ele é uma parte estratégica do processo. Para cada ação executada, deve haver uma pausa que permita a você recarregar e manter sua produtividade e criatividade ao longo do tempo. O que acontece quando você ignora isso é que, em vez de crescer, você começa a estagnar. E o pior: corre o risco de se quebrar no meio do caminho.

A boa notícia é que é possível estabelecer uma rotina equilibrada que favoreça a alta performance sem a necessidade de trabalhar sem parar. O segredo não está em fazer mais, mas em fazer com mais inteligência. Uma rotina bem-estruturada, que inclui períodos de descanso e recuperação, é o que realmente vai permitir que você se mantenha no topo.

A rotina de recuperação é a que separa os amadores dos profissionais da vida real. Amador acha que descansar é quando sobra tempo. Profissional cria tempo para descansar. E eu não estou falando só de dormir – estou falando de recuperar o corpo, a mente, o espírito, a memória, os hormônios, o equilíbrio interno. Estou falando de qualidade de sono, de um ambiente de descanso, de hábitos que fazem você acordar novo, pronto, inteiro.

Acredite em mim: dormir mal te deixa burro, fraco e irritado. Dormir bem, porém, te faz imparável. Estudos demonstram que o sono impacta diretamente a memória, a cognição, o metabolismo, o humor e até a imunidade. Quer mais performance? Cuide da sua noite. Quer mais resultado? Cuide do seu travesseiro. Quer mais força? Cuide do seu ambiente de descanso.

O protocolo que eu vou te mostrar agora não é só para quem quer dormir melhor. É para quem quer viver melhor. É para quem quer acordar disposto. Quem entendeu que o descanso certo acelera a vida. Porque recuperar não é parar. Recuperar é zerar o jogo para começar de novo mais forte, mais leve e mais preparado.

Protocolo da rotina de recuperação

1. **Defina um horário fixo para dormir todos os dias**. Seu corpo ama a consistência e a regularidade. Dormir e acordar sempre no mesmo horário ajuda a regular seus hormônios, melhorar o metabolismo e treinar sua mente para descansar melhor. Quem dorme no improviso acorda exausto.
2. **Crie um ritual de desligamento antes de dormir.** Desligar do mundo exterior é essencial para se reconectar com o corpo. Crie uma sequência de hábitos relaxantes: banho, luz baixa, leitura ou oração. Com um ritual consistente, ensine seu corpo a perceber que a noite chegou.
3. **Evite telas e celular trinta minutos antes de se deitar.** A luz azul das telas interfere na produção de melatonina, o

**DESCANSO
NÃO É PREGUIÇA.
DESCANSO É PARTE
DO PROCESSO.**

hormônio do sono. Além disso, manter a mente alerta não favorece o descanso. Dormir com o Instagram na cara vai te deixar com o cérebro cansado no dia seguinte.

4. **Tome um banho quente relaxante antes de deitar-se.** A água quente relaxa os músculos, regula a temperatura do corpo e prepara para o sono. Um banho morno é um sinal claro para seu corpo: "Missão encerrada por hoje".
5. **Faça alongamento noturno por cinco minutos.** Alongue pescoço, costas, ombros e pernas. Isso solta as tensões do dia e melhora a qualidade do seu sono. Quando o corpo relaxa, a mente também relaxa.
6. **Respire profundamente antes de deitar-se.** Feche os olhos, respire devagar e profundamente, com consciência. Isso ativa o sistema nervoso parassimpático, sinalizando ao cérebro que é hora de desacelerar.
7. **Use um quarto escuro e silencioso.** O ambiente impacta diretamente a qualidade do seu sono. Um quarto escuro e silencioso favorece o sono profundo. Dormir bem começa com o espaço em que você dorme.
8. **Invista em colchão e travesseiro de qualidade.** Você passa quase um terço da sua vida dormindo. Colchões e travesseiros ruins sabotam sua energia sem que você perceba. Invista nisso: seu sono é o seu maior ativo.
9. **Faça uma oração ou um agradecimento no final do dia.** Agradecer ao final do dia ajuda a acalmar a mente, reduz a ansiedade e prepara seu coração para descansar. A gratidão finaliza o ciclo do dia com propósito.
10. **Acorde devagar, sem atropelar o corpo.** Despertar não é uma corrida. Respire, espreguice-se, levante-se com in-

tenção. A forma como você começa o dia impacta toda a sua jornada.

11. **Reduza as luzes brancas uma hora antes de dormir.** A luz branca sinaliza ao cérebro que ainda é dia. Opte por luzes amarelas e baixas. Criar um ambiente de noite é essencial para um sono reparador.
12. **Evite refeições pesadas perto da hora de dormir.** Refeições grandes à noite fazem o corpo trabalhar enquanto deveria estar descansando. Prefira alimentos leves à noite. Sono profundo não combina com digestão pesada.
13. **Evite cafeína depois das quatro da tarde.** A cafeína tem um efeito prolongado. Beber café ou energéticos à noite atrapalha o sono profundo. Se quer energia amanhã, largue a cafeína à tarde.
14. **Tome chá calmante ou bebida relaxante.** Chás como camomila ou erva-doce preparam o corpo para o descanso. Um pequeno ritual antes de dormir ajuda a sinalizar que é hora de desacelerar.
15. **Faça automassagem ou use rolo de liberação miofascial.** Soltar a musculatura tensa melhora o relaxamento e diminui dores. Use as mãos, bolinhas de massagem ou um rolo de espuma. O corpo relaxado cria um sono mais profundo.
16. **Utilize ruído branco ou sons da natureza.** Se você tem dificuldade em adormecer, o ruído branco ou sons de natureza podem ajudar. Ventiladores ou aplicativos de som suave bloqueiam ruídos indesejados e acalmam a mente.
17. **Faça um checklist mental de encerramento do dia.** Pergunte a si mesmo: "O que eu fiz bem hoje? O que posso

fazer melhor amanhã?". Fechar o dia com clareza te dá paz e prepara o cérebro para descansar sem culpas.

18. **Deixe o ambiente do quarto organizado**. A desordem do quarto se reflete na mente. Antes de dormir, verifique o básico: arrume a cama, organize os objetos. Um ambiente organizado cria uma mente organizada.
19. **Prepare a roupa e os itens do dia seguinte.** Organizar o próximo dia na noite anterior diminui a ansiedade e te dá uma sensação de controle. Acordar com tudo pronto facilita a entrada no novo dia.
20. **Escreva uma frase de encerramento do dia.** Anote algo simples: "Hoje fiz o meu melhor" ou "Amanhã é um novo dia". Uma frase finaliza o dia com intenção e prepara a mente para soltar o controle e descansar.

Para reflexão

1. Você tem descansado ou apenas parado?
2. O que mais te impede de ter um sono de qualidade?
3. Como você se sente quando acorda: leve ou pesado?
4. Que hábitos simples você pode incluir hoje para dormir melhor?
5. O seu quarto é um ambiente de descanso ou de distração?

Exercício prático

- Escreva agora o seu protocolo pessoal da rotina de recuperação.
- Liste os micro-hábitos que você mais precisa praticar a partir de hoje.
- Organize o seu ambiente de descanso: quarto, cama, travesseiro, luz, temperatura.
- Desligue o celular trinta minutos antes de dormir por sete dias seguidos.
- Ao final de cada dia, escreva a frase que encerra sua jornada.

CONCLUSÃO

NOVO CICLO, NOVO DIA

Como Dale Carnegie sabiamente disse: "Trabalhe duro e em silêncio. Deixe que seu sucesso faça barulho". Sinceramente? Não há necessidade de anunciar suas mudanças. O segredo está em começar, sem alarde, sem promessas vazias, apenas ação. Em seguida você vai encontrar um extra para uma ativação de sete dias, mas que tal traçar um prazo para mostrar sua transformação?

Imagine as pessoas vendo você daqui a seis meses completamente diferente, porque você levou a sério o que leu aqui e colocou a rotina energética em prática para mudar seu *shape*. Imagine o impacto de colocar a rotina produtiva em prática e ver seu desempenho disparar, com seu chefe te procurando para te parabenizar, e quem sabe até oferecer uma promoção ou um aumento, porque você finalmente virou a chave da sua produtividade.

Eu poderia listar vários outros exemplos, baseados nos outros protocolos, mas você entendeu o que estou dizendo. A transformação começa com a sua decisão de agir.

Você já deve ter visto por aí um conselho muito comum no mundo fitness: "Suma por X meses e volte completamente diferente". O que eu proponho é bem parecido, mas sem a necessidade de literalmente se esconder. Você não precisa desaparecer, só precisa focar e colocar em prática os 6Rs. As pessoas não vão te ver em um processo de transformação instantânea, mas a mudança será incontestável. Vai ser algo invisível aos olhos, mas imensurável ao toque.

O básico bem-feito vai moldar sua nova identidade. Em breve, as pessoas ao seu redor vão perceber algo diferente em você – e não vão conseguir entender o que aconteceu, mas, com certeza, vão querer descobrir. Aquela energia renovada, o aumento de produtividade, o foco, a calma, tudo isso será notado. E qual é a melhor parte? Você não precisará fazer barulho sobre isso. Seu sucesso falará por você.

Acredite, essa transformação será mais satisfatória do que qualquer resultado imediato. Afinal, a verdadeira mudança vem do processo diário, da consistência e da escolha de se tornar melhor a cada dia.

Agora, claro, pode imaginar como será gratificante ver as pessoas comentando sua mudança? Não como comentários vazios, mas com uma admiração genuína pelo trabalho que você fez em silêncio. E o melhor de tudo: você vai saber que foi a consistência dos seus hábitos diários que te levou até lá.

Então, comece agora! Não precisa esperar por um grande momento. O momento é já. O novo ciclo começa hoje e, com ele, um Dia Perfeito.

EXTRA

ATIVAÇÃO IMEDIATA: O PLANO DOS 7 DIAS

Você chegou até aqui. Leu tudo. Entendeu os erros. Aprendeu o método. Viu os micro-hábitos. Agora só falta uma coisa: começar. E para te ajudar a sair da teoria e entrar na prática, eu preparei um plano simples de ativação. Não precisa esperar segunda-feira... se for quarta, quinta ou mesmo sexta, apenas vá. E também não precisa estar 100% pronto. Apenas inicie.

Aqui está seu Plano dos 7 Dias – um protocolo de ativação real, possível e inevitável.

DIA 1 – Energia ativada. Escolha um micro-hábito da rotina energética e pratique. Pode ser acordar no mesmo horário, tomar meio litro de água ou se expor ao sol. O dia começa com você.

DIA 2 – Produtividade no comando. Adicione um micro-hábito da rotina produtiva. Escreva as três prioridades do dia ou trabalhe em blocos de foco. Pare de só se ocupar. Comece a produzir de verdade.

DIA 3 – Mente aberta, atenção ligada. Inclua um micro-hábito da rotina de aprendizado. Leia cinco páginas. Ouça um podcast. Anote o que aprendeu. O crescimento não acontece por acaso. Ele é treinável.

DIA 4 – Conexão com quem importa. Pratique um micro-hábito da rotina de conexão. Mande uma mensagem. Dê um abraço longo. Jante sem o celular. Quem cuida de quem está perto fortalece o próprio coração.

DIA 5 – Reflexão consciente. Adicione um micro-hábito da rotina de reflexão. Escreva o que aprendeu. Faça silêncio por dois minutos. Pergunte a si mesmo: "O que eu fiz bem hoje?". A clareza vem de dentro.

DIA 6 – Recuperação de verdade. Pratique um micro-hábito da rotina de recuperação. Desligue o celular antes de dormir. Respire fundo. Organize seu quarto. Acordar bem começa na noite anterior.

DIA 7 – Seu primeiro Dia Perfeito. Hora de juntar os 6Rs. Um micro-hábito de cada rotina. Pode ser o mais simples. Mas precisa ser vivido com intenção. Você não precisa da versão completa – basta um dia que te aponte para o lugar certo.

Esse plano é só o começo. Mas ele prova uma coisa: você pode. Com pouco. Com o que você tem. Com o que você é. Isso não é milagre, são hábitos.

Te vejo no topo!

AGRADECIMENTOS

Agradecimentos especiais a todos os alunos do meu Clube do Livro que incentivaram a escrita desta obra:

Adailza Joemia da Conceição Santos
Adriana Carvalho
Adriana de Paulo Lima
Adriana Fagundes Dos Santos
Adriana Gama Tavares
Adriana Gomes do Nascimento Coelho
Adriana Litaldi
Adriana Mavignier
Adriana Navarro Romagnolo
Adriana Queiroz
Adriane Martins Lima
Adriano Ferreira Andrade
Aida Maria Lopes Pitanga
Alana Rodrigues Bezerra
Alberto Felipe Gomes Freitas
Alcione dos Santos Nunes
Alessandra Barreto de Paula
Alessandra Coutinho
Alessandra Lorenzon Almeida Barreto
Alessandra Santana Messa
Alessandro Prudente
Alex Ribeiro Xavier
Alex Sato Tanaka
Alexandra Macedo
Alexandra Mourão da Silva
Alexandre Floriano Gomes
Alexandre Oliveira Rocha
Alexandre Souza Carvalho
Alexsander Siqueira
Alfredo Novais
Aline Baldez
Aline Barbosa
Aline Brummett
Aline Costa Simões Barbosa
Aline Couto dos Santos
Aline de Oliveira Lima
Aline Godinho Ferreira Silva
Aline Marcele Ribeiro Ramos
Aline Regina Matos
Aline Sberci Monteiro
Allana Alexandria da Silva
Almir Cavalcante de Costa
Alyk Vargas Alcobia
Amanda Brilhante Freitas
Amanda Lohayne Alves Medeiros
Amanda Ribeiro
Amanda Santiago da Silva
Amanda Soeiro Fonteles
Ana Alice R. P. Vidal
Ana Belchior

Ana Catarina Gomes
Ana Claudia Pacheco das Chagas
Ana Cristina Gonçalves Andrade
Ana Cristina Souza
Ana dos Santos Batista
Ana Luiza Nobile Cassiani
Ana Luiza Santos
Ana Paula Carvalho Borges
Ana Paula Ferreira Meneghelo de Oliveira
Ana Paula Portugal Serpa de Azevedo Andrigui
Ana Paula Rodrigues de Oliveira
Ana Paula S. Huang
Ana Paula Santos Nascimento
Anderson Rodrigues Rodeguer Silva
Anderson Santos
André Luís Nascimento
André Simoes
Andrea Costa Menezes Ferro
Andrea Cristina de Melo Barbosa Campos
Andrea De Lima Machado Rodrigues
Andrea Iensen Mazza
Andrea Mendes
Andréia Barbosa Cardinali
Andreia Nardin
Andréia Santos
Andressa de Melo Barbosa Santos
Andressa Loiola
Andreza Oliveira Pereira
Andrieli de Souza Biagioni Ribeiro
Andson Renillo Rozado Limeira
Ane Morais do Nascimento Vieira
Anelise Franco Passos Paes Martins
Angela Chlad Renosto
Ângela Gonçalves Costa
Ângela Nataly Figueiredo Santos
Angela Rodrigues Magalhães
Angélica de Araújo Fernandes
Angélica Miriam Pena
Angélica Tomaz dos Santos
Anick Rodrigues Leite
Anna Giselle Cavalcanti Vaz Mendes
Anna Karollyne Marques Amorim Santos
Anne Mary Chaves Maia
Annelise Santos de Paiva
Antonio Adriano Sousa Silva
Antônio Cesar Soares Perdomo
Antônio Sérgio Araújo Rabelo
Aparecida Ingracio da Silva Beltrão
Areta Barbosa
Arlena Maria Cruz de Carvalho
Armando Davantel Boscardin
Aron
Artur Emílio Emílio
Audrey Susana Cajui da Silva Cruz
Aurélio de Jesus Scetta
Auriane Ferreira de Souza
Bartira Pedrosa
Bianca Caroline
Bianca Jasmin
Bianca Muniz
Brenda Morais
Brenda Rodrigues Bezerra
Bruna Aixa
Bruna Braga Martins
Bruna da Silva Soares
Bruna de Castro

Bruna Lima de Souza
Bruna Loeser
Bruna Lofiego Zonzini
Bruno Andrade
Bruno Biancki
Bruno de Farias Santos
Bruno Gusso
Bruno Henrique Dickel
Bruno Ricardo Mizusaki
Caio Henrique Arend
Camila Grubert
Camila Luiz Ferreira
Camila Santos
Camila Santos Rios Moraes
Camilla Paciello
Carime Flaviana de Oliveira
Carla Aguiar
Carla Cristina Dutra de Aquino
Carla Glarner
Carlão André Marques dos Anjos
Carlos Eduardo Araújo Vieira
Carlos Henrique de Souza
Carlos Junior Victorino Machado
Carlos Maicon Tonheres Paes da Silva
Carolina Gomes Pereira Santana
Carolina Marchioli Borges Minas
Carolina Morato da Silva
Caroline Batista
Caroline Brene Pereira Plaza
Caroline Nagano
Cassia Magalhães
Cassio Araujo
Cassio Henrique Costa
Catia Maia
Cauê Vieira Grizostino
Celina Araujo
Célio Roberto Cantuários
Ceni Teresina Ferraz Bonato
Cesar David de Lira Barbosa
Chrisley Fernandes de Brito
Ciana Santos Indicatti
Cibele Dutra Moura
Cíntia Miranda de Souza
Cíntia Ribeiro de Sant
Ciro Wand Del Rey de Oliveira
Claudênes Silva
Claudia Bento de Oliveira
Claudia Kristiane
Claudia Roberta Gomes Ferreira
Cláudia Santos
Claudia Vanessa Alves da Silva
Claudiana Brondani Brondani
Claudio Pereira da Silva
Claudio Sotana Alves
Cleber Bueno Guandalini
Clemilda Monteiro de Lima
Cleverson Alves
Clovis Barbosa
Clovis Vinhosa
Compton Garfield Cummings
Cris Frade
Cristiana Roder
Cristiane Alves
Cristiane Lima Carneiro da Silva
Cristiane Matozinhos da Silva Ruis
Cristina Ligia Leandro
Cristina Porto
Daiane Azevedo Carneiro
Daiane Celestrini
Daiane Cristina Pinho

Daiane Frozzi
Danaise Lopes Soares
Daniel Lehr Janner
Daniela Cardoso Gomes Mourato
Daniela Mara dos Santos
Daniela Martens
Daniela Paz Pescio
Daniela Tavares
Daniela Terasawa
Daniele Martinelli Braga
Daniella Rolim Cesar
Daniella Vilela de Sousa
Danielle Ferrazza
Danielle Gusmão Sadeck
Danielle Medeiros
Danielle Meirelles
Danielle Nobile
Danielle Rea de Souza
Danilo Alvarenga Freitas
Danilo Fernandes da Silva
Danusa da Silva Rosa
Darcy J A Maciel
Dayana Gomes Rozado
Dayane Fabris da Silva
Dayane Faviero de Castro
Débora dos Santos Moreira
Débora Oliveira Franco
Débora Santana do Nascimento Barini
Débora Santos
Debriscio Lopes de Moura
Degevilson Barbosa
Denise Pinheiro
Denyse Cristina de Mello Araújo
Deyvid Dias
Diana Cassaro
Diana Mariela Erthal
Diego Gimenes
Diego Santana de Souza Felix
Dini Perez
Diogo
Diones Delfino Selau
Dircelia Aparecida de Oliveira
Djanine Sacramento
Djanine Sandra Souza e Silva França
Djonatas Tenfen
Douglas Bischoff
Douglas dos Santos Sakaguti
Douglas Henrique da Silva
Dúlio Nunes Schirmer
Ederson Martins Deodato
Ediclea Lopes Araújo
Edileia de Oliveira Costa Zini Caetano
Edjane Matoso Rodrigues
Edmara Rodrigues de Oliveira
Edna de Souza Alves Santos
Eduardo Mendonça Viviam
Eduardo Monteiro Francisco
Eduardo Natalli Gomide
Eduardo Pereira de Assis Valério
Eduardo Sodre
Eduardo Zaponi Rachid
Elaine França da Silva
Elaine Gimenes Bianchi
Elaine Souza Ramos
Elaine Teodoro
Elder Carolino de Jesus
Eliana Candeira Valois
Eliane Leite
Eliane Rosa
Elisabete Luz

Elisangela Delmondes Lima
Elizangela Gabriel
Ellen Muraro
Elsa Amorim
Elton Matheo dos Anjos
Elvio Martinez
Elvis Ferreira
Elvis Lauriano Amorim Silva
Emanuelle Luiza Pereira
Emerson Donato da Silva
Emerson Franco
Emiliana Aparecida Cabral Ribeiro
Emily Nicolini
Emmanuelly Regina Souto Alves Feitosa
Emy Suelen Pereira
Enéas Mesquita de Jesus
Enir Rodrigues Alonso
Erica Bareze
Érica Granghelli de Souza
Érica Vanessa Lima
Ericka Almeida
Erika Teixeira Siqueira
Erika Cavalcante da Silva
Erika Charlois de Jesus
Erika da Costa Val Munhoz
Erika Manhães
Erika Said Monteiro Neves
Erika Teramura Negrão
Erlane Cunha Lavor
Etelviane Betemps
Eubenilma Cadete Lima
Evelyn Egidio Xavier
Evelyn Mayko Kikuchi
Everaldo Ribeiro Brinhole
Everton da Silva Teles
Fabiana Augusto Duarte Menezes
Fabiana Lolatto
Fabiana R Pereira
Fabiana Urbano
Fabiano Amantea Ragnoli
Fabiano Araujo
Fabiano Attanasio Antunes
Fabiano Marques da Silva Alves
Fábio Barbosa da Silva
Fábio de Godoy
Fábio Henrique Silva Melo
Fábio Hirayama
Fábio José de Oliveira Souza
Fabiola Neves da Silva
Fabíola Pereira Costa
Fabiula Fagundes
Fabrícia Coelho
Fabrícia Checchia Vannucci
Fabrício Barbosa dos Santos
Felipe Azevedo Almeida
Felipe Brito
Felipe De Lima Rodrigues Gomes
Felipe Garcez
Felipe Garcia Candido
Felipe Lemos Sóla Fernandes
Felipe Lourenço Vuckovic
Felipe Massetti Costa Ribeiro
Felipe Rodrigues da Silva
Felipe Vavassori
Fernanda Boaventura dos S. Lira
Fernanda Brites
Fernanda Camis
Fernanda Carvalho
Fernanda Cristina Nunes Pontes Marques
Fernanda dos Santos Ribeiro

Fernanda Fagundes
Fernanda Fernandes Rangel Fadel
Fernanda Goulart Ruthner
Fernanda Iasmyn Rodrigues dos Santos
Fernanda Kussler Knorr
Fernanda Marotti
Fernanda Nunes
Fernanda Silvestre Chaves
Fernando José Combat Fadel Filho
Fernando Pane
Fernando Tavares Borges
Flávia Alves de Sousa
Flávia Amoroso Matos e Silva
Flávia Arruda
Flávia da Costa Neiva
Flávia de Figueiredo Gebara
Flávia Rilko Camargo
Flávia Simão
Flávio Josoer da Silva Andrade
Flávio Lúcio de Queiroz Ferreira
Flávio Roberto Frederico
Francesca Olivieri Beltrão
Franciane Moreira de Paiva
Franciele Rodrigues Ferreira Vieira
Francielli Leite de Souza
Francisca Adriana Anacleto de Sousa
Francisco Emmanuel Barroso Oliveira
Francislene Andrade
Fulvio Dias
Gabriel Brambilla de Martin
Gabriel Bruno Lopes Andrade
Gabriel Silvestre Moscardini
Gabriela Antunes de Almeida
Gabriela Leme Pires Zaniboni
Gabriela Pinto
Gabriela Timoteo Elisa
Gabriela Vargas da Silva
Geraldine Schanzer
Geraldo Reis
Germana Rodrigues Silva
Geroane dos Santos
Gessica
Gessica Rayanne Bezerra dos Santos
Giovani Benetti
Giovanna Gonçalves Dias
Girlane Francisca dos Santos
Gisela Mendes Oliveira
Gisele Almeida Barrozo
Gisele de Abreu Nascimento
Gisele Paolillo
Giselle da Silva Queiroz
Gisleine Martins
Gleyce Kelly Alberto Silva
Graciela Stefan
Graziela Delmanto Bouchabki Fonseca Rodrigues
Grazielle Marques
Grazielle Silva de Oliveira
Greice Philippi
Guilherme Oliveira
Guilherme West Dionisio
Gustavo Carvalho de Andrade
Gustavo Gramiscelli Costa
Gustavo Henrique de Almeida Lima
Gustavo Ithamar Souto Maior
Gustavo Martins de Oliveira
Gustavo Queiroz
Gustavo Vicente da Silva

Hamilton Modesto
Haroldo Rodolfo Zwetsch Junior
Helen Salomão
Helena Fernandes
Hellen Prates Rufato
Heloisa Helena Meneghesso Godoi
Heloisa Rossi
Henrique Augusto da Silva Dourado Costa
Henrique Silveira
Hercilia Barbara de Souza Cavalcante
Horbetania Souza da Silva Ferrugine
Hosanna
Hosanna G. Vieira da Paixão
Iara Soares Aprile de Lima
Iara Vieira da Cruz
Ígor Katz
Igor Machado
Ilana Freitas Freire de Carvalho Cairo Flores
Indianara Brum
Inês Gonçalves
Ingrácia Antônio Manjate Germano
Ingrid Faria Adamo
Iraci de Sousa Machado Plantz
Isabel Martinez
Isabel Massa
Isabel Veiga
Isabela Reno
Isabella Camargo
Isabella Ferreira Dias
Isabella Luiza Geronimo Moura
Isadora Pelissari
Israel Meira Barros Lisboa
Ivane Santos Fontes
Ivo Frazão Nascimento
Ivone Sabi
Izabel Cristina Corrêa dos Anjos Freitas
Jackeline Gimenez Gomes
Jamille Cavalcante Dias
Jamille Farias Andrade
Jamilli Duarte de Souza
Jane Santos Polydoro
Janete Clivea Eleuterio de Oliveira
Janine Martins da Costa Arruda
Jansle Paulo
Jaqueline Castro Brasil Rocha
Jaqueline de Lourdes Mota
Jaqueline dos Anjos Levinski
Jaqueline Gomes dos Santos
Jaqueline Guimarães Fonseca Alves
Jeferson da Silveira
Jefferson Adriano Silva dos Santos
Jeison de Oliveira Gois
Jessica da Silva Castro
Jessica Leite
Jessica Oliveira Sleptov
Jessica P. Mizobuchi
Jéssica Pinheiro
Jéssica Pinheiro da Silva
Jéssica Wesz Sesti
João Assumpção
João José Sanchez
João Paulo da Costa Cunha
João Paulo da Luz Cabral
João Paulo Matavelli
João Paulo Santos
João Pedro Paz de Sousa Dias
João Tavares
Joaquim Antônio Carlette Filho

Joelma Santos
Joelma Suele de Araujo Silva
Joésio Soares Vieira
Jonas Rodrigues de Souza
Jonatan Ferreira da Silva
Jonhnatan Wilker Alves Santos
Jorge Alves
Jorge Azevedo
Josane Santa Fe
José Laércio de Araújo Filho
José Roberto Batista
José Teixeira Magalhães Neto
José Walfrido Mororó Monteiro
Josecleide Marlene do Nascimento
Joseias Gomes Lopes
Josenilda Correia
Josiane Azevedo Carneiro
Josiane Martins
Josineide Melo Machado Nascimento
Josivane Cazarotto Machado
Josué Dias
Jove Gontijo Neto
Joverlândia dos Santos Mota
Joyce Heloiza Carvalho Silva
Joyce Pires Lopes Mendes
Juan Alascio Correia Hornero
Julia Nakano de Almeida
Juliana Alarcón
Juliana Aline Bernardo da Silva
Juliana Bomfim da Silva
Juliana de Castro Honorato
Juliana Dias
Juliana Diuli Pienhak
Juliana dos Santos Jesus
Juliana Fernandes
Juliana Kondo
Juliana Luzia Giuranno
Juliana Nascimento de Souza
Juliana Rodrigues Fernandes Fachini
Juliana Vidoti Matos
Juliano Dias Oliveira
Juliano Muniz
Juliele Dutra da Silva
Juliette da Silva Freitas
Jussara Chaves
Kainan Magnani Iorio
Kamila Caixeta Gonçalves
Kamila Matos de Albuquerque
Kamilla Moya
Karen Torres Lima Rocha
Karina Antunes
Karina Resende Pillat
Karina Smaniotto
Karina Tobinaga
Karine Lima da Silva
Karine Pereira De Cacho Fagundes
Karolina Robalinho
Karoline Massera
Kate Oliveira
Kátia Aparecida dos Santos
Kátia Cilene da Silva Pan
Katia Ebert
Katia Sena
Katya Mwtango Tavares da Silva
Kauane Splett da Costa
Keila Santos
Kellenn Roussana Santos Coelho
Kelly Cristina Silva Ribeiro
Ketillin
Klaudia Neves

Laís Tumiski Santos Rodrigues
Laisa Barcellos Schmitt
Larissa Figueira Pereira
Larissa Gonçalves Leite de Medeiros Bastos
Larissa Oliveira
Larissa Olympio Araujo
Larissa Paz
Larissa Ribeiro Belotserkovets
Larissa Suppi
Larissa Victória dos Santos
Laura Satovschi Schwartzman
Lays de Matos Azevedo
Leandra Susin
Leandro Luiz Prestes do Rosário
Leide Crey de C C Raimundo
Leidyane Cristina dos Santos
Leilane Ferreira Moraes
Leonardo Amorim Oliveira Santos
Leonardo Revoredo Vieira de Assis
Leslie Saffran
Leticia Gonzalez dos Santos
Letícia Stefenon
Liâneta Vasconcelos Galdino da Silva
Liberdade Izaguirre
Ligia Aparecida de Oliveira Correia
Ligia Ferreira Palmieri Tarika Palmieri
Lilian Canguçu Bastos Vieira
Lilian Emanuela
Lilian Michelle Sabino Costa
Lilian Pereira
Liliana Fraxino
Líliane B Q Sikva
Liliane de Souza Lima
Linara Cristina Steffens Lima
Lincoln de Sousa Araujo Filho
Lindiane Apda Souza Barbosa
Lisandra Moure Duarte
Lisiana Carraro
Lisiane Pessoa Borges
Lívia de Araújo Rocha
Livia de Freitas Lacerda
Livia Mota de Souza
Lívia Rodrigues Bento
Lize Maria Barros Sartorelli
Loreiro Benck
Luan Ferreira
Luan Kesley da Rocha Guimarães
Luana Dourado Souza
Luanda Guimarães Soares de Souza
Lucas Macedo Alves
Lucca Grecco Meneghel
Luciana Alcamim
Luciana Andrade
Luciana da Silva Rezende
Luciana de Oliveira
Luciana Martins Lucio Soares
Luciana Pinna
Luciana Roberto de Lima Gomes Monteiro Bonaldi
Luciana Vieira Conti
Luciane Garcia Matalani
Luciano Borges Marques
Luciano Vicenzi
Luciene Maria Machado
Lucivania Maria de Souza
Ludmila Bertti Coelho
Luis Filipe Guimarães Basilio
Luis Gabriel Paes
Luís Guilherme Castro Lerner
Luís Henrique de Souza Reis

Luis Henrique Montrezor
Luis Raul Asmat Inga
Luisa Coppe
Luísa De Freitas Matos Beltrane
Luiz Fernando Chaves Mendonça
Luiz Gustavo Nascimento
Luiz Hildemar Aviz do Rosário
Luma Beatriz Cabral Soares
Maicon
Maíra Branco Rodrigues
Maira Carla Lima
Manuela Barcelos
Manuela Mantegari
Mara Cristina Alves
Marcel Bruzzi
Marcela Caroline Ferreira
Marcela Ondei
Marcela Romagnoli da Costa
Marcela Ruiz
Marcella Silva Rezende Riegel
Marcelo Augusto Becker Dallmann
Marcelo Cotrim
Marcelo dos Santos Benini Silva
Marcelo Germano
Marcelo Grapiglia da Silva
Marcelo Luiz Aniceto de Mattos
Marcelo Olimpio Carlos
Marcelo Orsolon
Márcia Agateli Clara
Márcia Georgia De Sousa Silva
Márcia Serevincis
Marcio Ganzella
Marcio Massao
Marco Antonio
Marco Túlio Cordeiro Silva
Marcos Costa Salomão
Marcos Gomes da Silva Junior
Marcos Tavares da Rocha
Marcus Oliveira
Mari Costa
Maria Alessia Saluára
Maria Alice Corrêa do Nascimento
Maria Andressa Sampaio Santos
Maria Angelica Otranto de Oliveira
Maria Aparecida Barbosa Maia
Maria Bernadette Zambotto Vianna
Maria Carolina Buhler de Azeredo
Maria da Graça Oliveira Lemos
Maria da Guia da Costa Leite
Maria da Penha Lima de Araujo
Maria Diva Diniz Sousa
Maria Edineide Costa
Maria Edineide da Silva
Maria Eduarda dos Reis Conceição
Maria Elidia Gonçalves Rocha
Maria Fernanda Espíndola
Maria Fernanda Gebrim
Maria Ines Teixeira
Maria José Bezerra de Oliveira Neta
Maria José Resende Pereira
Mariana de Oliveira Monteiro da Silva
Mariana Bezerra Marques
Mariana Clemente
Mariana Ferreira Sanches
Mariana Gandra Abrão
Mariana Karine Marolli de Barros
Mariana Machado Maia
Mariana Souza Ávila
Mariana Teixeira Nunes Lopes
Marilene de Sousa Costa

Marília Ana Ferreira dos Santos
Marina Piedade
Marina Urio
Marinalva Oliveira
Mário José Caldeira da Silva
Marisa Souza Neres
Marister Rigon
Marjana Kuhn
Marlene Weber
Marli Lúcia Razera Secco
Marlucci Elaine de Oliveira
Marta Sofia Jesus Vidinhaa
Mateus Rodrigues Cavalcanti da Silva
Matheus Correia da Silva
Matheus Gregório de Souza Pereira
Matheus Lapa
Matheus Nascimento de Jesus
Mathias Sousa Virgulino
Matilde Aparecida Budel Brazão Pereira
Mauricio Mascarenhas Boaventura
Mauricio Xavier Pereira Junior
Mayara Diniz Profirio
Mayara Santos
Mazio dos Reis Ormo
Melyna Guimarães Lima Saldanha
Mercio Cleumer Magalhães
Michel Ostete
Michelle Alencar de Sousa Lauande Cardoso
Michelle de Aquino Araujo
Michelle Galli Gomes
Michelle Lyporage Miguel
Michelle Magalhães Costa
Michelly Costa dos Santos
Miguel Moura Anchieta
Milce Gabriele Ferreira de Vasconcelos
Milena Fernanda Alves
Milton Douglas de Oliveira
Monica Andrade Falcon
Mônica De Biagi Curtarelli
Mônica França Monteiro
Mônica Nagamine Schiozer
Monique Ferreira Brandão
Monique Sebastião da Silva Martins
Munir Jacob Filho
Mylena Beuttenmuller Duarte de Oliveira
Naiara Menezes Bezerra
Naila Alves
Nara Zaneli Alves da Silva Araújo
Narla Gabrielle Olympio Araujo
Natalia Doralice Cranchi
Natália Rodrigues de Campos
Natália Sabadini
Natally Azevedo
Nathalia Carneiro da Silva
Nathalie Oliveira da Silva
Natiane Santos
Nayadna Reis
Nayana Galavotti de Carvalho
Nelmary Santos Diniz
Neusa Aparecida Marrafon Zanetti
Nicaelle dos Reis Silva
Nicanor Lobato Chaves Neto
Nilma Bezerra
Nínive Maria Santi Ferzeli Mallmann
Nínive Soares Fernandes
Orlaniro Ros
Otavio Rodrigo Andrade de Oliveira

Otoni Lima Araújo Júnior
Pablo Alexandre de Jesus Dantas
Pablo dos Santos Lima
Paloma Santos Nunes Maciel
Paloma Souza Mariano
Pamela Mendes da Silva
Pâmilla Fausto Resende
Patricia Karube Roque
Patricia Lehmann
Patricia Maria Joannitti Cancian Biancofiore
Patricia Nicola
Patricia Novais
Patricia Simone Nunes Silva
Patrícia Talita Donadon Rodrigues
Patrick Lorran Conceição Guimarães
Paula Alves
Paula Baptista de Jesus
Paula Cassanho Vaz
Paula Maio Nunes
Paula Renata Barbosa da Silva
Paula Stareika Korte
Paulo André Gomes Duarte
Paulo Bragantini
Paulo Eduardo Lopes de Paula
Paulo Herberto Rahmeier
Paulo R T Santos
Paulo Rogerio
Paulo Valerio Fazla
Paulo Vinicius Goulart dos Santos
Pedro Eleuterio de Albuquerque
Pedro Henrique Dias dos Reis Piedade
Pérola Lyrio dos Santos Mussato
Persio Oliveira
Pérsio Rodrigo Del Castilo de Oliveira
Poliana Pereira Gomes Yano
Priscila Almeida
Priscila Altoé
Priscila da Silva Santos
Priscila de Souza Conceição
Priscila Idalgo
Priscila Santos Souza
Priscilla Munhoz Mengate Garcia
Priscilla Thais Marqueto
Pryscila Freire de Carvalho
Rachel Coelho
Rafael Adriano Sichinel
Rafael Chueng Rocha
Rafael Cunha Fernandes
Rafael de Oliveira Cardoso
Rafael Gasparoto
Rafael Livramento Pereira
Rafael Ribeiro de Oliveira
Rafael Santos
Rafael Wainberg
Rafaela Campos Padovezi
Rafaela Marega Frigério Lopes
Rafaela Pereira
Rafaella Oliveira da Silva
Rafaella Ramalho Machado Guerra
Ramona Coimbra Ferraz
Raphael Silva Sousa
Raquel Andrade Aguiar
Raquel Cristina Proença
Raquel Kanan Ruffini de Oliveira
Renan Guilherme de Oliveira
Renan Pereira
Renata Acosta
Renata Camargo

Renata Constantino
Renata Costa de Paula Ferreira
Renata Cristina Sousa Lopes
Renata Furtado Camilo Carnielli
Renata Lima Leite
Renata Marques de Souza
Renata Oliveira
Renata Oliveira Pena
Renata Santana dos Santos
Renata Valeria Medeiros dos Santos
Renata Wada
Reyson Fernando de Almeida
Ricardo Alexandre Cestenario
Ricardo de Oliveira Rodrigues
Ricardo Fernandes de Moraes
Ricardo Luiz Silva de Araújo
Ricardo Martins Moreno
Ricardo Tadeu Beltrame
Richard dos Santos Bonde
Rita De Cassia Silva
Rita Gonçalves
Rithieli De Lima Barcelos
Ro Brandão
Roberta Domingues de Oliveira
Roberta Frias
Roberta Garcia
Roberta Gomes
Roberta Pinto da Silva Godinho Bastos
Roberta Witzgall de Oliveira
Roberto Dantas Cardoso
Robson Cortes Duarte
Robson Koiti Takeda
Robson Rodrigues dos Santos
Rocheli Marques de Oliveira
Rodolfo Melare
Rodrigo Agape Vieira Magina
Rodrigo Barbieri
Rodrigo de Azevedo Santa Cruz de Oliveira
Rodrigo Gomes Silva
Rodrigo Junqueira
Rodrigo Prado Santesso
Rodrigo Vilela Rivera de Rezende
Ronaldo Rodrigues Moura
Rosane Fagundes
Rosane Machado
Rosangela Dias
Rosaria Cleia
Rose Marie Costa
Rosely Ribeiro de Souza Fernandes
Rosemary Moraes
Rosiane Rodrigues dos Reis
Rosilene de Aguiar Carvalho
Rosilene Silva de Castro
Rosimar Mendes Lima
Rosineide Pereira
Rúbia Ivana Strapazzon
Ruriko Ohara
Rute Misleh
Rute Vieira Barbosa
Sabrina Balkanyi
Sabrina Ribeiro Ibiapina
Sabrina Soares
Sabrina Woo
Saionara Mendes Porto
Samara Lacerda Landim
Sâmya Rúbia Leão Santos Simiema
Sandra Almeida
Sandra Lopez
Sandra Mara Lopomo Molinari
Sandra Regina Silva

Sandra Reis
Sara Gonçalves Patricio Martins
Sara Monteiro
Sarah Nayumi Nishihira
Sheila Cristina Militao
Sheila Saraiva
Shirley ML Sampaio
Shirliane Sampaio
Silvana Abegg Taborda
Silvana Mattoso Gonçalves de Oliveira
Silvanaldo Souza Bezerra
Silvia Ohara Camignotto
Sinara Scariot
Sofia Nunes
Sofia Rodrigues
Solange Lima
Sonia Maria Garcia Reis
Soraia Sartori Barroso
Soraya Fabiane de Assis Pereira
Soraya Tavares Rafful
Stefania C B Oliveir
Stefania Ornelas Moreira
Stella Mariana Ferreira Giolo
Stephany Naves Bravos
Suene Boechat do Nascimento
Sumere Pinheiro
Sunamita Balduino
Susana Carneiro
Susy de Castro
Suzana Lessa
Suzana Sausmikat
Suzane Raffin
Suzane Teske Poyer
Tais Aparecida Guimarães Leite
Talita Aparecida Araújo
Talita Martins Franca
Talvin Maciel Bossardi
Tamara dos Santos Vieira
Tamara Mucenic
Tânia Neves
Tathyana Borba Santana
Tatiana Beatriz de Lima e Muniz
Tatiana Bernardes
Tatiana Carneiro Dutra
Tatiana Cavalcante
Tatiana de Moraes Costa
Tatiane dos Santos Cardoso
Tatiane Midori Nishimura Hiroki
Tatyana Tercya de Souza Guerreiro
Telma de Jesus Rocha
Thaina Brito
Thaina dos Santos Guerra
Thais Jorge Cardoso
Thais Karoline de Oliveira Castro
Thais Leal
Thais Soares Lucas
Thais Vechiato De Almeida
Thalyta Torno Grellmann
Thamiris Abdala
Thayana Bertuzzi Lopes
Thaynara Mabille Marques Ribeiro
Thiago Campos
Thiago dos Santos Vaz
Thiago Luiz Andrade
Thiago Manoel Raffa Volpi Ramos
Thiago Moraginski da Silva
Thiago Souza de Santana
Thiago Tammaro
Tiago de Azevedo Lima
Tiago Henrique Kafer

Tiago Keniskley
Tiago Xavier de Souza
Vaglereane Bonifácio Bó Pessoa
Valber Antonio Ribeiro Subtil
Valdeir Evangelio de Brito Filho
Valéria Aparecida Bueno Schulz
Valeria Gonçalves
Valesca Tessidor
Valquíria Gomes da Silva
Vanderlei Fontes da Silva
Vandira Santos Andrade
Vanessa Assis
Vanessa Barreto Carvalho
Vanessa Bispo Santos
Vanessa D Silva
Vanessa Monteiro da Silva
Vanessa Teixeira
Vania Castro
Vania Cavalcante da Silva
Vera da Silva Homem
Veronica Chomiski
Vicente Adamo Lopes Ferreira
Victor Belo
Victor Hugo de Lima Rocha
Victor Hugo Mello
Victor Viana
Vinicius Augusto Polpeta
Vinicius Lima
Virgínia M S Bernardo
Vitorio Nijenhuis
Vivian Melo
Viviane Ferreira Cesar
Viviane Schmidt
Vivianne Campagnani
Vivianni Furtado
Wagner Assuero Armando
Wagner Matos do Nascimento
Wanderley Mendes Pereira
Wanessa Natalia Cardoso Lima Soares
Washington Assunção
Washington dos Santos Oliveira
Wellington Pereira Miranda
Wesley Freitas Alves
Willi Christian Do Nascimento Silva
William Almeida
William Machado da Silva
Willian Barros Dantas
Willian Miguel
Wilson Ricoy
Wilson Vieira da Cunha
Yago Molina Furtado
Yauery Domingos Rodrigues Cristovão
Zenilde Batiosta da Silva

Acesse a página com o perfil do Instagram dos alunos: